監修者――加藤友康／五味文彦／鈴木淳／高埜利彦

［カバー表写真］
「大政奉還」
（邨田丹陵画）

［カバー裏写真］
晩年の慶喜

［扉写真］
将軍慶喜
（サットン大佐撮影）

日本史リブレット人069

徳川慶喜

最後の将軍と明治維新

Matsuo Masahito
松尾正人

目次

幕末政局と徳川慶喜

江戸幕府《えどばくふ》最後の将軍徳川慶喜(一八三七〜一九一三)ほど、評価が異なる人物は少なくない。慶喜は水戸《みと》徳川家九代当主斉昭《なりあき》の子に生まれ、母親は有栖川宮《ありすがわのみや》家から嫁いだ登美宮《とみのみや》(吉子《よしこ》)である。徳川御三家《ごさんけ》と皇室の血統。まれにみる貴種である。その慶喜はなによりも年少のころから英邁《えいまい》で、将来は天晴《あっぱれ》な名将になると期待された。一一歳で一橋《ひとつばし》徳川家の養子となり、十三代将軍家定《いえさだ》の後継問題では、その有力候補となっている。そして、一八六二(文久《ぶんきゅう》二)年には将軍後見職《こうけんしょく》に任じられ、政局の表舞台に登場した。

その慶喜は、弱体化した幕権の建直しに奔走した。ペリー来航以降、幕府の危機的事態が深刻化し、朝廷の存在が改めて注目され、尊王攘夷《そんのうじょうい》運動が活発化している。大老《たいろう》井伊《いい》直弼《なおすけ》が桜田門外《さくらだもんがい》で暗殺され、公武合体《こうぶがったい》を掲げた老中《ろうじゅう》安《あん》藤信正《どうのぶまさ》も坂下《さかした》門外で襲撃された。そのような前代未聞の事態に直面し、慶喜は上洛《じょうらく》する将軍家茂《いえもち》にさきだって京都にはいり、朝廷を牛耳る攘夷派と対決した。関白鷹司輔熙《かんぱくたかつかさすけひろ》らを説得して、朝廷から大政《たいせい》委任を獲得することに全力をあげている。一八六四（元治《げんじ》元）年の禁門《きんもん》の変《へん》を指揮し、翌年の参予《さんよ》会議を主導して幕権の維持に尽力した。長州《ちょうしゅう》征討の最中の一八六六（慶応《けいおう》二）年に家茂が急逝すると、その後はみずから第十五代将軍として、討幕《とうばく》勢力との対決に全力を傾ける。まさに縦横無尽、八面六臂《はちめんろっぴ》の活躍といってよい。

このような慶喜の存在は、幕府打倒を画策する岩倉具視《いわくらともみ》にとって、まさに仇敵であった。岩倉は慶喜のことを、「果断《かだん》、勇決《ゆうけつ》、志小ならず」とし、強大な「勁敵《けいてき》」と記している。長州藩の木戸孝允《きどたかよし》も、慶喜の「胆略《たんりゃく》」がけっしてあなどれないと警戒した。「実に家康《いえやす》の再生を見るが如《ごと》し」と語っている。

しかし、英明で辣腕《らつわん》な慶喜であっても、時の流れをくいとめることはむずかしい。徳川幕府の二六〇年余の封建《ほうけん》体制は、十九世紀にはいってからの内外の危機に対して、それを克服する余力を残していなかった。結果として、慶喜は一八六七(慶応三)年十月の土佐《とさ》藩の大政奉還《ほうかん》の建白《けんぱく》を受け入れる。そして鳥《と》羽《ば》・伏見《ふしみ》の戦いが起きると、簡単に大坂城を棄《す》て、江戸を明け渡した。その後は隠退して、長い後半生を静岡ですごす。

それにしても、この慶喜の生涯は、なんとも不可解な点が多い。なぜあっさり大政奉還に同意したのか、徳川の覇権を維持できなかったのか、鳥羽・伏見の戦いに慶喜自身がどのようにかかわったのか、戦争の拡大にいかなる思いをもったのかなどの疑問が少なくない。慶喜の静岡での生きざまとその心境がどのようであったかについても、よく知られていない。

英明な貴公子《きこうし》然とした慶喜も、周囲から「剛情公《ごうじょうこう》」「二心様《にしんさま》」「独木公《どくぼくこう》」などと陰口をいわれた。「洋癖《ようへき》」「ねじあげ酒」などという悪口も存在する。早くから将軍の地位を争い、誰にも負けない才気と弁舌をもち、公卿《くぎょう》や有力諸侯《しょこう》を相手に辣腕をふるっただけに慶喜の評価はさまざまである。

本書は、英明な慶喜をしても、わずか一年余で将軍職を投げださざるをえなかった時代状況を分析し、慶喜の足跡を改めて検証してみたい。慶喜の活躍の実態と、その尽力を解明し、結果として幕府崩壊にいたった過程を追究する。

そして、慶喜の将軍職を奪われたあとの静岡時代は、福沢諭吉《ふくざわゆきち》が「一身《いっしん》にして二生を経る」と書いたまさにそれにあたる。将軍時代とは違った慶喜の希有な後半生を明らかにしたい。

①—幕政の混迷と「強情公」

水戸の七郎麻呂

徳川慶喜がまだ少年のとき、父親は慶喜のことを「天晴《あっぱれ》な名将となるか、さもなくば手に余るようになる」と語っていたという。その父親とはのちに烈公《れっこう》と諡号《しごう》された徳川斉昭《なりあき》▲。水戸《みと》徳川家三五万石《ごく》の第九代当主である。

一八三七（天保《てんぽう》八）年九月二十九日に江戸《えど》の小石川《こいしかわ》藩邸で生まれた慶喜は、斉昭の七番目の男子で、幼名は七郎麻呂《しちろうまろ》。生母は京都の有栖川宮《ありすがわのみや》家から嫁いだ正室の登美宮《とみのみや》（吉子《よしこ》）。すなわち慶喜（七郎麻呂）は、御三家《ごさんけ》の水戸家当主と皇室に関係した宮家のあいだの子どもで、たいへんな血統であった。

その慶喜は、生後半年余りで国許《くにもと》に移り、水戸で厳しく育てられた。水戸風である。質素な衣服で、食事も一汁一菜《いちじゅういっさい》に限られている。学業は、四歳のころから藩校の弘道館《こうどうかん》にかよった。文学は『新論《しんろん》』を著わした会沢正志斎《あいざわせいしさい》▲（恒蔵《つねぞう》）、弘道館頭取の青山量太郎《あおやまりょうたろう》（延光《のぶみつ》）が侍読《じどく》となった。弓術は佐野四郎右衛門《さのしろうえもん》、剣術は雑賀八次郎《さいがはちじろう》、馬術は久木直次郎《ひさきなおじろう》（久敬）など、名声・実力ともに藩内随一の

▼徳川斉昭　一八〇〇〜六〇年。一八二九（文政《ぶんせい》十二）年に水戸徳川家の第九代当主となり、藤田東湖らを登用し、弘道館を設立。海防に力をいれ、銃砲鋳造、兵制改革を行った。尊王攘夷の行動が幕府にうとんじられ、謹慎を命じられたが、ペリー来航後は海防参与に登用された。将軍継嗣問題で大老井伊直弼と対立。謹慎、水戸で禁固を命じられ、一八六〇（万延元）年八月に病死した。

▼会沢正志斎　一七八二〜一八六三年。水戸藩士。諱《いみな》は安《やすし》、雅号《がごう》が正志斎。藤田幽谷《ゆうこく》に師事し、斉昭の侍読となり、一八二五（文政八）年に『新論』を脱稿。徳川斉昭の藩主擁立に奔走し、郡《こおり》奉行・御用調役・彰考館総裁などを歴任して一八四〇（天保十一）年に弘道館総教《そうきょう》（教授頭取）となった。勅諚問題では朝廷へ返納を主張し、井伊直弼暗殺には批判的であった。

師範の指導を受けている。慶喜は、初めは武芸を好み、読書をきらったようだ。それにしても、慶喜の英邁《えいまい》ぶりは、「仁者《じんしゃ》楽山」と記された書にもうかがわれる。『論語《ろんご》』からの引用であり、とても六歳の子どもの筆とは思えない。

父斉昭は、この慶喜の出自と資質をみぬき、とくに将来に期待した。水戸家のために、世子《せいし》慶頼《よしより》になにかあった場合の控えに慶喜を考えていたようだ。それは、斉昭が側近藤田虎之助《ふじたとらのすけ》（東湖《とうこ》）▲へ宛てた手紙の記述からうかがえるが、その後の斉昭の動きとあわせて考えてもまちがいない。ちなみに斉昭は、長男の鶴千代麻呂《つるちよまろ》を、おとなしくて器量不足と心配している。慶喜の兄の五郎麻呂については、公家《くげ》風で少し柔和にすぎるとし、他家へ養子にだすことを考えていた。他の兄は早世している。それだけに、七男の慶喜に期待し、簡単に他家へ養子にだすことを考えなかったのである。

このような斉昭は、父親としてみずから慶喜の教育・修業に力をいれた。水戸徳川家は江戸定府《じょうふ》であったが、藩政《はんせい》改革の推進のために幕府《ばくふ》に願い出て斉昭自身が一八四〇（天保十一）年に水戸に帰藩していたことによる。藩政改革については、斉昭は藩主襲封直後の一八三〇（天保元）年、文武奨励の諭書《ゆしょ》を発し、

▼**藤田東湖**　一八〇六〜五五年。諱は彪《たけき》、雅号が東湖。水戸藩士。徳川斉昭の藩主擁立に奔走し、郡奉行・側用人《そばようにん》などを歴任。斉昭の側近として藩政改革に尽力した。斉昭が幕府から謹慎を命じられると、東湖も免職・閉居とされたが、斉昭の幕政参与登用によって、東湖は海防掛に任じられ、斉昭を補佐した。一八五五（安政二）年の安政大地震により江戸で死去。

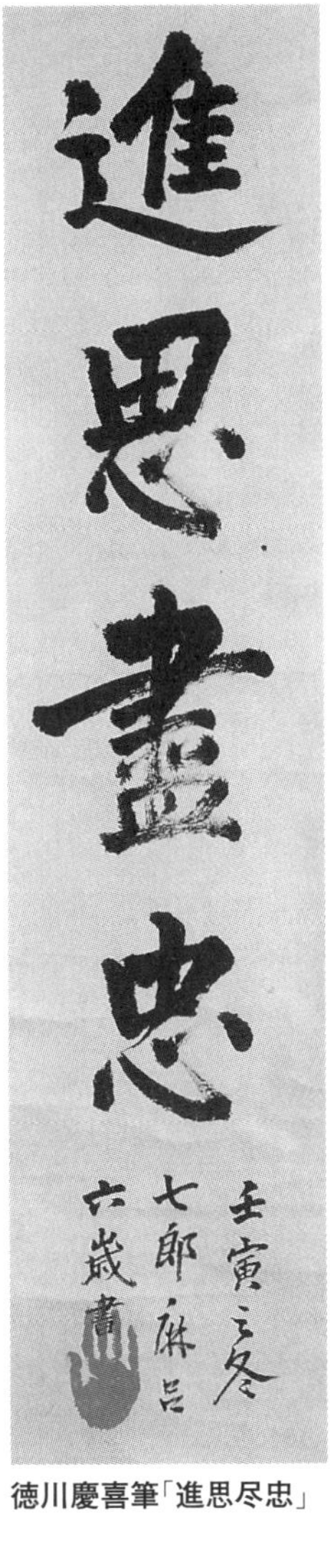

徳川慶喜筆「進思尽忠」

徳川慶喜筆「仁者楽山」

徳川慶喜筆「愛敬」

徳川慶喜七歳肖像
（内藤業昌画）

晩年の徳川斉昭肖像画　賛は斉昭。

▼**徳川慶篤**　一八三二〜六八年。水戸徳川家の第十代当主。日米通商条約の調印を批判し、一八五八(安政五)年に登城停止に処された。勅諚返納問題で藩内が混乱し、その後に激派による桜田門外の変、筑波山《つくばさん》挙兵を生じ、幕府追討軍の派遣を受けた。鳥羽《とば》・伏見《ふしみ》の戦い後、藩内の対立の最中に病死。

海防強化などをはかっていた。那珂湊《なかみなと》に反射炉を建て、銃砲鋳造を進めている。一八四四(弘化《こうか》元)年には慶喜を同伴し、仙波原《せんばはら》で軍事訓練に見立てた追鳥狩《おいとりがり》を実施した。攘夷《じょうい》論者の斉昭は、海防を急務と唱え、鐘を鋳潰《いつぶ》し、寺院の廃合を進めていく。やることが派手で、幕府に対して直言《ちょくげん》も辞さない。一八三八(天保九)年には内憂・外患に関する方策を建議している。

しかし、この干渉がましい強引な斉昭の姿勢は、幕府にうとまれるようになる。斉昭は一八四四年五月、江戸で隠居・謹慎を命じられた。そして長男の慶《よし》篤《あつ》▲(鶴千代麻呂)が家督《かとく》を継ぎ、斉昭のあとの十代藩主になった。

一橋家を相続

幕府は水戸藩の急進的な改革に批判的であったが、対外情勢の深刻化が増すと、一八四四(弘化元)年十一月に斉昭の謹慎を解いた。国内の改革が急務となり、斉昭の存在が無視できなくなったのである。そして翌年八月、水戸家に相続の話が持ち込まれた。相続先は一橋《ひとつばし》徳川家。慶喜には以前にも紀州《きしゅう》や尾張《おわり》から内々に打診があった。それらに応じなかった斉昭も、今回は慶喜をすぐに江戸へ呼びよせた。それは、老中《ろうじゅう》阿部正弘《あべまさひろ》▲から将軍家慶《いえよし》の内諭《ないゆ》と聞かされたことによる。同時に、この相続話が、先々の将軍につながる可能性を強くもっていたと判断したことが少なくない。

一橋家は田安《たやす》とともに八代将軍吉宗《よしむね》が起こし、清水《しみず》とあわせて御三卿《ごさんきょう》と呼ばれた。将軍に直結している家である。一橋家は江戸城の一橋門内の屋敷に居住したことの俗称で、本姓は徳川である。そして第十一代将軍家斉《いえなり》は一橋家の出身であった。その実子が第十二代将軍家慶。▲御三家と御三卿のなかでは一橋系が将軍職にもっとも近い。しかし、家慶の子どもは、世子の家祥《いえさち》(家定《いえさだ》)以外、みな早世している。家祥は虚弱で素行に問題があった。将軍としての資質、そして跡継ぎをつくることもあやうい。もともと御三卿は、その創設からして特別であり、所領は各地に分散した一〇万石である。当主が欠員であっても潰れるわけではない。そのような一橋家に当主をおくこととし、慶喜に白羽の矢が向けられたことの意味は重要である。そして、将軍家慶の意を受けた筆頭老中の阿部正弘からの話となれば、斉昭にとってさらに期待がふくらんだ。▲

かくして、一八四七(弘化四)年九月、斉昭と水戸家当主の慶篤のもとに上使《じょうし》

▼阿部正弘　一八一九〜五七年。福山一〇万石の当主で一八四三(天保十四)年に老中に任じられ、四五(弘化二)年に老中首席となった。ペリー来航に際してはアメリカの国書を諸大名や幕臣に示し、意見をださせた。開国路線をとり、溜間詰《たまりのまづめ》大名の反発に対しては、老中首席を堀田正睦に譲り、一方で若手の人材を登用して改革を進め、洋式兵術の導入をはかった。

▼徳川家慶　一七九三〜一八五三年。徳川家斉の次男で、一八三七(天保八)年に十二代将軍に就任。一八五三(嘉永六)年のペリー来航時に病床にあって十分な対応ができず、再来を約したペリーが退去した直後に死去。

▼将軍家慶と斉昭　家慶の妹は、斉昭の兄斉脩《なりのぶ》(水戸第八代藩主)の夫人であった。また、家慶と斉昭のそれぞれの正室は、ともに有栖川宮家出身の姉妹である。

がくだされた。慶喜の一橋家相続が命じられ、徳川を称し、一橋領一〇万石をあたえられることが伝達されている。その慶喜は一一歳。十月一日に江戸城に登城して将軍家慶に拝謁《はいえつ》し、一橋家相続を謝し、城内の一橋家にはいった。十二月一日には元服《げんぷく》してそれまでの七郎麻呂を慶喜《よしのぶ》▲と改め、従三位《じゅさんみ》中将《ちゅうじょう》に任じられ、刑部卿《ぎょうぶきょう》と称している。

慶喜は一橋家の当主となったのち、将軍家慶にたびたび謁し、好感をもたれるようになった。一八五二(嘉永《かえい》五)年に家慶は、一六歳になった慶喜を、幕府の鷹狩の特別な行事である鶴の羽合《はあわせ》に同行させようとしている。それを聞かされた老中たちは、慎重な配慮を求め、少し早いとして沙汰《さた》やみになった。家慶は、世子の家祥(家定)▲を飛び越えて、自分の跡を慶喜に継がせようとまで思ったようだ。同時期、慶喜は一条《いちじょう》家の養女延君と婚約している。二人は一八五五(安政《あんせい》二)年十二月に婚儀を行い、延は美賀《みか》と名を改めた。

慶喜への期待は、外国船の来航が頻繁となり、対外危機が高まるなかで、より増幅されていく。外圧に対抗して国内の政治体制を強化するためには、将軍の権威とその意向が果たす役割は少なくない。将軍継嗣問題が幕府の重要な政

▼**一橋慶喜と改名**　水戸徳川家の七郎麻呂は、一八四七(弘化四)年に元服して名を慶喜と改め、一橋徳川家の当主として、一般に一橋慶喜と呼ばれた。

▼**徳川家定**　一八二四〜五八年。父親は十二代将軍徳川家慶。一八五三(嘉永六)年十一月に十三代将軍の宣下を受けた。一八五六(安政三)年に近衛忠熙の養女篤姫《あつひめ》(実は島津忠剛《ただとき》の女《むすめ》)を夫人に迎えた。癇癪が強く、虚弱であったことから、後継をめぐって将軍継嗣《けいし》が政治問題となった。

治的問題として考えられるようになっていたのである。

対外危機と将軍継嗣問題

一八五三(嘉永六)年六月三日、アメリカ東インド艦隊司令長官ペリーの率いる黒船《くろふね》四隻が浦賀沖《うらがおき》に姿をあらわした。幕府はペリー艦隊の来航をオランダから知らされていた。老中阿部正弘はその別段風説書《べつだんふうせつがき》▲をひそかに薩摩《さつま》・土佐《とさ》・尾《お》張《わり》などの有力大名《だいみょう》に知らせている。それでも、幕府はペリーの出現に有効な対応ができない。結果として、大統領フィルモアからの開国《かいこく》を求める国書を久里《くり》浜《はま》で受理。ペリーは翌年の再来を告げて退去した。

このような対外的危機が現実となった幕府では、ペリーの退去直後に将軍家慶が死去した。世子であった家定が第十三代将軍に就任。水戸の徳川斉昭が海防の議に参与《さんよ》を命じられている。そして翌一八五四(安政元)年正月十四日、ペリーは九隻の艦隊を率いて再来した。その間、幕府は開国を求めるアメリカの国書を諸大名や幕臣《ばくしん》などに示し、全国の意見を求めたが、名案がだされたわけではない。幕府は余儀なく和親《わしん》条約を締結する。その後、イギリス・ロシア・

▼**別段風説書**　長崎に入港するオランダ船は、長崎奉行を通じて海外情報を江戸幕府へ提出した。アヘン戦争の南京《ナンキン》条約が結ばれた一八四二(天保十三)年からは、より詳しい情報を提出し、その和訳本は別段風説書と呼ばれた。

オランダなどの使節も来日し、それぞれ和親条約が締結された。

　そして、和親条約に基づいて下田《しもだ》と箱館《はこだて》が開かれると、一八五六（安政三）年七月にタウンゼント＝ハリス▲が下田に来航した。ハリスは下田に領事館を開設。通商条約の締結を求め、江戸で将軍家定に面会することを要求している。この難局に直面した幕府において、柔弱な家定は的確な政治判断が期待できない。それゆえ越前《えちぜん》藩主松平慶永《まつだいらよしなが》▲らは、一橋慶喜の擁立を画策するようになった。松平慶永は家門《かもん》の筆頭で、また自身も田安家の出身。その慶永は、慶喜が英明で年齢が適当であるとして、家定の世子とするように薩摩藩主島津斉彬《しまづなりあきら》や老中阿部正弘らに働きかけた▲。慶喜を確実に将軍とし、有力大名が手を握って国内改革を進め、積極的な対外政策を展開しようとする企図である。島津斉彬だけでなく、尾張の徳川慶恕《よしくみ》（慶勝《よしかつ》）、宇和島《うわじま》の伊達宗城《だてむねなり》、そして慶喜の父斉昭ら有力大名の支持をえていた。岩瀬忠震《いわせただなり》・永井尚志《ながいなおゆき》らの旗本有司《はたもとゆうし》も取り込み、いわゆる一橋派を形成したのである。

　このようなペリー来航後の対外的緊迫と将軍継嗣問題に対して、当の慶喜は複雑な心境だったようだ。それでもペリーの開国要求に対する意見を幕府が諸

▼タウンゼント＝ハリス　一八〇四～七八年。アメリカ人。東洋貿易に従事し、寧波《ニンポー》領事となった。日本派遣を希望し、一八五五（安政二）年に初代駐日領事に任じられ、下田に来航した。江戸出府を強く希望して将軍家定に謁見。老中堀田正睦に世界情勢を説得し、英仏両国の脅威を利用して、列国に先んじた日米修好通商条約締結に成功した。一八五九（安政六）年に特派全権公使となり、対日外交の中心となった。

▼松平慶永　一八二八～九〇年。諱は慶永、雅号は春嶽で、のちに通称。越前三二万石の当主。中根《なかね》雪江《せっこう》・橋本左内などを登用し、熊本から横井小楠《よこいしょうなん》を招いて開明的な藩政改革を推進した。一橋慶喜の将軍擁立に尽力し、隠居・謹慎処分を受けた。一八六二（文久二）年に政事総裁職《せいじそうさいしょく》に就任。朝廷と幕府間の調整に苦心し、雄藩を主体とした公議政体論《こうぎせいたいろん》に立った。

大名に求めた際には、慶喜も答議書を提出していた。そこでは、アメリカの要求を拒否し、防衛体制を強化するように主張している。側近がつくった草案にみずから筆をいれて、一七歳の慶喜にみあった風に書き改めたようだ。

また、将軍継嗣の風聞▲については、父親の斉昭に対して、一八五三（嘉永六）年八月に噂《うわさ》話がエスカレートしないようにおさえることを依頼していた。「天下を取る程気骨の折る、事はなく候」と書き送っている。天下をとって失敗するよりは、天下をとらないほうが「大に勝るべし」と記していた。一七歳の慶喜のプライドの高さがうかがえる。同時に将軍職が明らかに意識されていて、少々自意識過剰に思える文面である。

一八五七（安政四）年十月七日に下田を発したハリスは、二十一日に江戸城にはいって将軍に謁見し、アメリカ大統領の親書《しんしょ》を奉呈した。通商条約の締結を求めたことはいうまでもない。阿部正弘にかわって老中首座に就いた堀田正《ほったまさ》睦《よし》▲は、ハリスの希望した将軍家定との謁見《えっけん》を許したが、ハリスは謁見の際に幕府役人が求めた式の予行を拒絶している。もちろん膝行《しっこう》や平伏《へいふく》などはしない。大統領特使としての威厳をもって、将軍に相対したという。ハリスはその情景

▼慶喜への期待　阿部正弘は、一橋慶喜が年齢的に相応で英資《えいし》に優れて「予《かね》て思ふ所」と同意していた。島津斉彬は慶喜の印象を「真に人君の器なり」と、松平慶永に書き送っている（『徳川慶喜公伝』）。

▼将軍継嗣の風説　慶喜は側近の平岡円四郎《ひらおかえんしろう》に対して、将軍継嗣の風説をもってのほかとし、いかに考えても「衰世《すいせい》」であるとして、「汝等《なんじら》もはや其《その》念を断つべし」と戒めていた（『徳川慶喜公伝』）。

▼堀田正睦　一八一〇〜六四年。佐倉《さくら》一一万石の当主で一八五五（安政二）年に老中に再任され、阿部正弘にかわって老中首座となり、アメリカ領事ハリスとの日米修好通商条約交渉に尽力した。条約勅許をえるために上洛し慶喜擁立にも理解を示していたが、朝廷の反発で失敗。井伊直弼の大老就任で老中を罷免された。

松平慶永(春嶽)

▼岩瀬忠震　一八一八〜六一年。修理《しゅり》、肥後守《ひごのかみ》。老中阿部正弘に抜擢され、ペリー再来航の際に目付になり、海防掛、軍制改正用掛、外国貿易取調掛を歴任。ハリスの江戸出府時に日米修好通商条約交渉を担当し、開国論に立って一八五八(安政五)年に調印した。外国奉行に昇進したが、その後、井伊直弼によって左遷させられ、免職・蟄居を命じられた。

を、大広間に登場した大将軍家定が頭を「後方へぐいっと反らし」て、右足を踏みならしたと記している(ハリス『日本滞在記』)。家定は癇癪《かんしゃく》が強く、いつも首を振り、身体を震わせる妙な癖があったという。それでも家定はなんとか将軍として謁見を果たしていた。

　それにしても、通商条約の締結が具体化すると、国内は蜂の巣を突いたような混乱になった。幕府内では、海防掛大目付《かいぼうがかりおおめつけ》の土岐頼旨《ときよりむね》や目付岩瀬忠震▲らが開国論に立ち、堀田もまたそれを支持していた。しかし、多くは世界の大勢に暗い。列強の力を理解できず、条約反対が強い。和親条約に続いて通商まで許可するという幕府の腰砕けに対して、批判が生じている。朝廷などは神国《しんこく》日本が「異教《いきょう》」に蹂躙《じゅうりん》されることを危惧《きぐ》した。征夷大将軍《せいいたいしょうぐん》として幕府を認め、その支配を許してきた思いが裏切られたことに対する反発が少なくなかった。

井伊大老と条約勅許

　このような条約批判に直面して、幕府は朝廷の説得に全力をあげた。その反発に対しては、一八五八(安政五)年二月に筆頭老中堀田正睦みずからが上洛《じょうらく》している。これまで無視してきた朝廷から勅許《ちょっきょ》をえようとしたのであった。

　一方、一橋派の松平慶永らは条約締結に理解を示していたが、同時に朝廷の反発を利用し、条約勅許とあわせて将軍継嗣を有利に進めようとした。一橋派は、内《ない》大臣三条実万《さんじょうさねつむ》・左《さ》大臣近衛忠熙《このえただひろ》らに対して、条約勅許の文面に「立嗣《りっし》」を加えるように入説している。慶永の腹心の橋本左内《はしもとさない》▲らが、御沙汰書に英明・人望・年長の三条件を加え、「養君」を定めて、政務を補佐させるように画策した。それが慶喜を世子とする方策であったことはいうまでもない。

　結果として、この条約勅許をめざした堀田の上洛は、見事に失敗した。幕府の恫喝《どうかつ》ともいえる強い姿勢、そして献物・大金を背景にした公家《くげ》に対する懐柔策も、期待した成果にいたらない。孝明《こうめい》天皇▲の条約締結に対する批判の強さは、予想外であった。幕府に反発した八八人の公家の列参などの影響も大きかった。再応・衆議すべしとの「勅答《ちょくとう》」となって、条約勅許は認められず、一方で一橋派の将軍継嗣に関する期待も瓦解している。御沙汰書は、橋本らが期待した三条件をはっきり明記するにはいたっていない。

　失意の堀田らが四月に帰城した江戸では、幕府内の守旧派が大きな力をもち、

▼**橋本左内**　一八三四〜五九年。福井藩士・蘭学者《らんがくしゃ》。藩主松平慶永のもとで、英明な将軍を中心とした封建的統一国家を構想し、開国・外国貿易の積極策を説いた。一橋慶喜の擁立に向けた内勅降下、堀田老中への通商条約勅許に尽力。井伊直弼の大老就任後、安政の大獄で処刑された。

▼**孝明天皇**　一八三一〜六六年　一八四六(弘化三)年二月に践祚《せんそ》。対外関係の緊迫に対して海防強化を沙汰し、幕府の日米修好通商条約無断調印の際には、譲位の内意を示した。幕府の公武合体政策に対しては、和宮降嫁《こうか》を認めて攘夷実行を命じ、朝廷内に急進的な攘夷論が高まると、それを排除する文久政変を支持した。幕府の長州征討に勅許をあたえたが、一八六六(慶応《けいおう》二)年十二月に痘瘡《とうそう》で崩御《ほうぎょ》。

井伊直弼《いいなおすけ》▲を大老《たいろう》に推す体制を固めていた。幕府内の守旧派は、開国に批判的であったが、だからといって打払いを強化して、列強と戦う決意はもっていなかった。幕府政治を転換して、幕府内の混乱を生じることにも慎重であった。そして守旧派は、慶喜を将軍継嗣に擁立して、幕政に参画しようとする有志大名に対して強く反発していた。

この守旧派勢力の中心は、溜間詰《たまりのまづめ》の譜代《ふだい》大名。その力を背景に一八五八年四月二十三日に井伊直弼が大老に就任した。井伊の大老就任については、将軍家定も同意していた。家定は、英明な慶喜を好まなかったようだ。体力的にも性格的にも劣等感をもっていた家定は、年齢的にも近い慶喜に嫉妬をいだいていたのかもしれない。また、家定の生母本寿院《ほんじゅいん》を中心とした大奥《おおおく》は、かねてから水戸の斉昭らの改革論に批判的であった。幕府内には、慶喜に通じた斉昭の台頭についても警戒が強い。そして、筆頭老中の堀田は、京都で一橋派と緊密になったが、井伊が大老に就任すると、堀田自身が条約問題の責任で罷免されたのであった。

一方、ハリスは条約調印を一日千秋の思いで待っていた。六月にはいってイ

▼**井伊直弼**　一八一五～六〇年。一八五〇(嘉永三)年に彦根《ひこね》三五万石の当主を襲封《しゅうほう》。溜間詰大名のなかで重きをなし、一八五八(安政五)年四月に大老に任じられ、日米修好通商条約の調印を強行し、徳川慶福を十四代将軍に擁立した。勅許をえない無断調印に反対した一橋派、水戸藩への勅諚降下問題関係者などを処罰し、安政の大獄を断行。水戸浪士らに桜田門外で襲撃され、暗殺された。

ギリス大艦隊来航の情報が下田に伝わると、ハリスは下田からポーハタン号に乗って江戸湾に直行。条約の即時調印を幕府当局に働きかけている。下田奉《ぶ》行《ぎょう》井上清直《いのうえきよなお》と目付岩瀬忠震らは、友好的な姿勢を示すアメリカの力を借りて、英仏両国に対応しようとした。それはハリスの甘言でもあったが、日米修好通商条約の第二条には、日本とヨーロッパ諸国とのあいだにもし紛議が起きたときは、日本政府の求めに応じて、アメリカが仲介をするとある（ハリス『日本滞在記』）。アメリカが列強との和親の仲介役をしてくれるというのである。幕府は六月十九日に、勅許がないままにポーハタン号上で条約に調印したのであった。

幕府は六月二十二日、江戸城に諸大名を集めて条約調印を発表した。しかし、勅許のない段階での条約調印は、一橋派にとって無視できるものではない。慶喜は一橋家の家老からそれを聞かされ、ただちに「違勅《いちょく》」であることを問題とした。登城して大老・老中に面会を求めている。慶喜の剣幕に井伊は、いささか驚いたにちがいない。それでも御三卿の一橋家の慶喜からの申し出は無視できなかった。井伊は二十三日、慶喜と田安慶頼《よしより》に面会している。

この慶喜と井伊の六月二十三日の面談は、実に興味深い（『昔夢会筆記《せきむかいひっき》』▲）。慶

▼**『昔夢会筆記』**　『昔夢会筆記』は、徳川慶喜伝記編纂事業の一環として、昔夢会が一九〇七（明治四十）年から二五回にわたって聞き取りを行った徳川慶喜の回想談である。最初は慶喜の話を編纂員が筆記してまとめたが、第五回からは速記に改め、第一四回からはまたもとの筆記に戻している。

喜は最初に井伊に対して、朝廷に無断で調印したことをたずねている。井伊からは、やむをえざる事情があって「恐れ入りたる次第」との答えがあった。そこで慶喜は、調印が違勅になるのをどう思うか、と井伊に詰問した。井伊の応対は、初めは反対したのだが、多勢に無勢で仕方がなく賛成したと答えたという。大老の責任を放りだしたような回答。暖簾《のれん》に腕押しというやりとりである。

　また慶喜は将軍継嗣の問題にも言及した。慶喜が「御養君《ごようくん》」のことはどうなったかとたずねると、井伊大老は顔色を変えて、またもや「恐れ入り奉《たてまつ》り候《そうろう》」であった。返事がはっきりしない。しびれを切らした慶喜は、「もはや定まらせしや」と聞いている。ようやく井伊から「紀公と内定したり」との返事があった。慶喜は「そはめでたき事なり」と語った。紀州の慶福《よしとみ》▲に江戸城で出会った折、背丈も普通の年齢よりは大きくて安心したと慶喜は井伊に話している。慶喜がどのように問い詰めようと、幕政を握っているのは井伊大老である。井伊はすでに五月七日に家定の意向を確認し、「御筋目《おすじめ》」のうちから「御養君」を選ぶという内意で、紀州の慶福について周囲の了承をとっていたのであった。

　その後、井伊は「紀州の跡には思《おぼ》し召《め》しあらせられずや」と、慶喜に紀州を継

▼**徳川家茂（慶福）**　一八四六〜一八六六年。紀州徳川家五五万石余の十三代当主。一八五八（安政五）年六月に将軍家定の継嗣となり、家定の薨去後に名を家茂と改め、十四代将軍の宣下を受けた。一八六二（文久二）年二月に和宮と婚儀を整え、翌年三月に上洛したが、尊王攘夷派に翻弄させられた。一八六四（元治元）年正月に再度上洛。翌年に第二次長州征討に向けて進発。戦況が悪化した最中に大坂城において二一歳で死去。

承することをたずねたようだ。慶喜は「ふふん」といって、なにも答えなかったという。足もとをみるような井伊の対応である。四四歳の井伊に立ち向かった弱冠二二歳の慶喜の勇気は格別であるが、それに対する井伊の慇懃《いんぎん》無礼《ぶれい》がうかがわれる。大老やなみいる老中を面責したことで、慶喜はその矛《ほこ》をおさめさせられた。慶喜が怒りをあらわにしたところで、あとのむなしさが残ったにちがいない。

「強情公」の若隠居

病弱な家定の世子として、一八五八（安政五）年六月二十五日に紀州藩主徳川慶福の養子が公表された。そして、将軍継嗣問題で敗北した一橋派に対しては、厳しい処分が待っていた。七月五日に徳川斉昭が謹慎、尾張藩主徳川慶恕（慶勝）と越前藩主松平慶永が隠居・謹慎、水戸藩主徳川慶篤と一橋慶喜が登城停止である。斉昭は徳川慶篤・徳川慶恕とともに不時登城▲し、条約調印問題で井伊大老と老中を面詰していた。斉昭は慶永を大老に推挙し、慶恕は一橋慶喜を世子にするように求めている。慶永も大老の屋敷を訪い、勅許がない条約調印

▼徳川斉昭・慶恕の不時登城
不時登城した徳川斉昭は、松平慶永を大老に推挙したが井伊直弼らは「大老二人を置くの例なし」と反発した。徳川慶恕が一橋慶喜を世子とするように求めると、「御養君は台慮《だいりょ》に出づれば、己等は如何《いかん》とも取計ひ難し」とかわした。条約が違勅と批判されると、井伊は「朝廷へ申訳」けのために上京すると応じている（『徳川慶喜公伝』）。

孝明天皇画像

▼勅諚問題　朝廷は、一八五八(安政五)年八月に水戸藩と幕府に対して、国内治平・公武合体の実をあげて外夷《がいい》に対処するように求めた勅諚(戊午《ぼご》の密勅《みっちょく》)を発した。幕府は水戸藩に対して、勅諚を諸藩に伝達することを禁じ、朝廷に返納させるように画策。水戸藩内ではその対応をめぐって激派と鎮派に分かれ、対立が激化した。

を違勅として詰問していた。それらに対する井伊の回答が、まさに七月五日の処分だったのである。そして、慶喜が登城停止を命じられた翌日、十三代将軍家定が薨去《こうきょ》した。十月二十五日には、慶福を改めた家茂《いえもち》に対して、改めて征夷大将軍の宣下《せんげ》が行われている。

この一橋派に対する弾圧は、条約締結を不満とした孝明天皇の勅諚《ちょくじょう》▲がひそかに水戸藩にくだされると、さらに強まった。幕府は天皇の勅諚問題を契機に、それを画策した浪士《ろうし》らを逮捕した。世にいう安政の大獄《たいごく》である。小浜《おばま》藩の梅田《うめだ》雲浜《うんぴん》が投獄され、福井藩の橋本左内や長州《ちょうしゅう》藩の吉田松陰《よしだしょういん》らが拘禁された。その多くが処刑され、一橋派の公家も落飾《らくしょく》・謹慎となっている。翌年八月二十七日には斉昭が水戸での永蟄居《えいちっきょ》に処された。慶喜も隠居・謹慎を命じられている。隠居といってもただちに後継者を決める必要はなく、所領《しょりょう》や家臣《かしん》もそのままであったが、慶喜は謹慎生活を強いられた。

この隠居・謹慎について、慶喜が不本意であったことはいうまでもない。処分を受けた理由を問い合わせたようだが、確とした回答もなかった。プライドが人一倍強く、承服しがたかっただけに、逆に慶喜は徹底した謹慎▲を行っている。晩年には、そのときの心境を、身に覚えのない罪とされたので、血気盛りの意地もあって、厳重に法のとおりに謹慎したと回想している（『昔夢会筆記』）。表門・裏門を閉ざし、通用はめだたない裏門とさせた。昼間も居間の雨戸を引き、雨戸のあいだに二寸（約六センチ）ほどの竹を挟んで明かりをとったという。読書すら不自由であったにちがいない。朝の起床後に麻上下を着け、夏の入浴もせずに月代《さかやき》も剃らなかった。徹底した謹慎生活は、まさに「強情公《ごうじょうこう》」と揶揄《やゆ》された慶喜の真骨頂《しんこっちょう》をうかがわせる。

　このように慶喜は政治の表舞台から引きずりおろされたが、幕府の強権もまたペリー来航後の時代の流れをくいとめることはできなかった。一八六〇（万《まん》延《えん》元）年三月三日には、大老井伊直弼が桜田門外《さくらだもんがい》で暗殺▲された。井伊に反発した襲撃犯は、水戸藩を脱藩した浪士ら一八人。そのなかには、薩摩藩から脱藩した有村次左衛門《ありむらじざえもん》も加わっていた。この登城途中に襲撃されて首をとられた大老の死は、まさに幕府の権威の失墜を天下に示している。慶喜は、水戸藩の先行きに不安をいだくとともに、仇敵井伊の死に溜飲のさがる思いをしたにちがいない。

▼**慶喜の謹慎**　将軍宣下を受けた家茂には、御三卿の田安慶頼が後見職に任じられた。隠居・謹慎を命じられた慶喜の心境は複雑であったようだ。慶喜は徹底した謹慎を行っている。

▼**井伊直弼の暗殺**　一八六〇（万延元）年三月三日、水戸・薩摩浪士の一八人が江戸城の桜田門外において、大老井伊直弼を襲撃・暗殺した。徳川斉昭父子らが安政の大獄で処罰され、水戸藩にくだされた勅諚が幕命によって返納させられたことなどが襲撃に結びついている。

　一方、慶喜はこの隠居・謹慎中の一八六〇(万延元)年八月十五日、父徳川斉昭を失う悲嘆に直面した▲。斉昭は国許での永蟄居中の死であったが、幕府はその死を伏せて永蟄居を免じている。通例の御三家前藩主の死として弔意を表させた。そして、この斉昭の死と免罪は、安政の大獄処分者の宥免《ゆうめん》に結びつく。同年九月四日には慶喜の謹慎が許された。徳川慶恕(慶勝)や松平春嶽《しゅんがく》(慶永)、山内容堂《やまうちようどう》▲(山内豊信《とよしげ》)にも同様な措置がとられている。このときはまだ他人との面会や文通を禁じられていたが、それでも時代の転換は明らかである。

　井伊大老の横死《おうし》後、幕府は老中久世広周《くぜひろちか》・安藤信正《あんどうのぶまさ》▲らが中心となって、公武《こうぶ》合体《がったい》を画策するようになった。長州藩の長井雅楽《ながいうた》が開国論に立った「航海遠略策」を朝廷関係者に示し、朝廷・幕府の関係修復に立ち上がっていた。幕府側は、孝明天皇に蛮夷《ばんい》拒絶を誓うことで、十四代将軍家茂と天皇の妹和宮《かずのみや》▲との婚儀を進めている。和宮(内親王《ないしんのう》)は一八六一(文久《ぶんきゅう》元)年十一月に江戸に到着して、婚儀が翌年二月に行われた。

　そして同年四月二十五日、慶喜はやっと他人への面会と文通が許された。これまでの「御不興《ごふきょう》」はすべて「宥免」となっている。慶喜の隠忍自重の期間は四年

▼斉昭の訃報　徳川慶喜は、斉昭の訃報《ふほう》に対しても謹慎中の閉居の状態で、愛惜の想いを「あまかけり、いづくの空にいますとも、心はゆきて、つかへまつらん」と書いた(『徳川慶喜公伝』)。

▼山内容堂　一八二七〜七二年。諱は豊信。一八四八(嘉永元)年に土佐二〇万石余の当主を襲封。吉田東洋《よしだとうよう》らを登用して藩政改革を断行し、将軍継嗣問題では一橋慶喜の擁立に参加。安政の大獄で蟄居。許されたあとは公武合体運動を進め、藩内の尊王攘夷派を弾圧した。一八六七(慶応三)年に徳川慶喜に大政奉還《たいせいほうかん》を建白。王政復古《おうせいふっこ》後は新政権の議定《ぎじょう》となった。

▼安藤信正　一八一九〜七一年。諱は初め信睦《のぶゆき》。磐城平《いわきたいら》五万石の当主、一八六〇(万延元)年に老中。公武合体政策の中心となり、皇妹和宮の将軍家茂への降嫁を奏請《そうせい》して勅許をえ、東下《とうか》を強行した。

近い。その間、幕府は井伊直弼暗殺に続き、公武合体を進めた安藤信正が一八六二(文久二)年正月に坂下《さかした》門外で尊王《そんのう》攘夷の志士に襲撃された。幕府の弱体化と朝廷権威の伸張が誰の目にも明らかになってきたのである。

▼**和宮**　一八四六〜七七年。諱は親子《ちかこ》、通称は和宮・静寛院宮《せいかんいんのみや》。父は仁孝《にんこう》天皇、母は橋本経子《つねこ》。有栖川宮熾仁《たるひと》親王と婚約していたが、幕府から降嫁の奏請があり、兄の孝明天皇は攘夷を条件に同意した。一八六二(文久二)年二月に十四代将軍家茂との婚儀が行われた。

②―「二心様」の苦悩

将軍後見職就任

一八六二(文久《ぶんきゅう》二)年五月七日、慶喜は四年ぶりに登城し、十四代将軍家茂《いえもち》に拝謁《はいえつ》した。七月には一橋《ひとつばし》家の再相続が命じられ、さらに文久の幕政《ばくせい》改革で設置された将軍後見職《こうけんしょく》に任じられている。

この文久の幕政改革は、薩摩《さつま》藩の島津久光《しまづひさみつ》▲が、一八六二年四月に上洛《じょうらく》し、勅《ちょく》使《し》大原重徳《おおはらしげとみ》▲を擁して江戸《えど》に向かったことが直接の出発であった。久光は同藩主島津茂久《もちひさ》の父親で、同藩内の実力者。久光は上洛に際して八〇〇余人の兵を従え、討幕《とうばく》を標榜する尊王攘夷《そんのうじょうい》派の薩摩藩士を伏見《ふしみ》の寺田屋《てらだや》で粛清していた(寺田屋騒動▲)。そして六月に江戸に到着した久光は、勅命《ちょくめい》を背景に幕政の改革を迫ったのである。

この勅使を擁した久光の改革要求に対して、幕府《ばくふ》側は将軍後見職を不要とし、一七歳になった将軍家茂の健在ぶりを強調。老中《ろうじゅう》らは幕府の面子《めんつ》にかけて大原と久光側の要求に抵抗した。それでも、薩摩藩側は軍事力を背景とし、刺客を

▼島津久光　一八一七〜八七年。島津久光は、実子茂久(忠義《ただよし》)が島津家七二万石余の当主となることで、「国父《こくふ》」として実権を掌握。一八六二(文久二)年に勅使大原重徳を擁して江戸に向かい、一橋慶喜を将軍後見職、松平春嶽を政事総裁職とする幕政改革を実現した。雄藩による公議政体を企図したが、王政復古《おうせいふっこ》後は政府の開明政策に反発。晩年は修史事業に専心した。

▼大原重徳　一八〇一〜七九年。堂上《とうしょう》公家。尊王論を唱え、日米修好通商条約の勅許に反対した。島津久光の江戸下向《げこう》の勅使となり、一橋慶喜を将軍後見職とする幕政改革を実現。幕末朝廷で尊王攘夷論に立って建言・列参《れっさん》を行い、王政復古の新政権で参与・刑法官《けいほうかん》知事・上局議長などを歴任した。

▼寺田屋騒動　尊王攘夷派の薩摩藩士らは、島津久光の上洛を好機に挙兵・反幕を実現しようとし

配して脅迫する。結果として、慶喜が七月六日に将軍後見職に任じられ、九日には松平春嶽《まつだいらしゅんがく》が政事総裁職《せいじそうさいしょく》に任命されていた。慶喜は二六歳。久光からは幕政改革意見書が提示されていた。

もっとも、この時期の幕政改革は、慶喜が将軍後見職、春嶽が政事総裁職に就任しただけで、すべてが解決できるような簡単な問題ではなかった。幕府の老中を中心とした合議と決定に関する体制のなかで、将軍後見職と政事総裁職の権限が明確になっていたわけではない。慶喜は晩年に、後見職に実権がなく、形式だけだったと語っている。

多少なりとも具体化した改革としては、参勤交代《さんきんこうたい》制の軽減や儀礼の簡素化があげられる。松平春嶽が右腕とした横井小楠《よこいしょうなん》▲の建策がそれである。軽減した参勤交代の経費を海防強化にまわすことになった。それでも、改革は幕府の権威の低下、幕閣《ばっかく》に対する献上物の廃止となり、守旧派の不満は少なくない。

また、この将軍後見職と政事総裁職の任命は、幕府が朝廷の要求に抵抗できないことを天下に公にした。そして軍事的圧力に対して、幕府が手出しできないことを明らかにした。朝廷と連携する「公武一和《こうぶいちわ》」に向けた改革は、幕府の再

た。久光は、伏見の寺田屋に説得の藩士を派遣。乱闘で尊攘派の有《あり》馬《ま》新七《しんしち》ら六人が殺され、田中謙助《たなかけんすけ》らが自刃させられた。

▼**横井小楠**　一八〇九～六九年。諱《いみな》は時在《ときあり》、通称平四郎《へいしろう》。熊本藩士。江戸で藤田東湖《ふじたとうこ》らと交わり、帰藩後に改革派の実学党《じつがくとう》を結成。越前《えちぜん》藩に招かれて松平春嶽の政治顧問となり、重商主義的な改革論に基づいて藩政の刷新に参画した。新政権発足後、参与に任じられたが、守旧派によって暗殺された。

徳川家茂画像(徳川茂栄画)

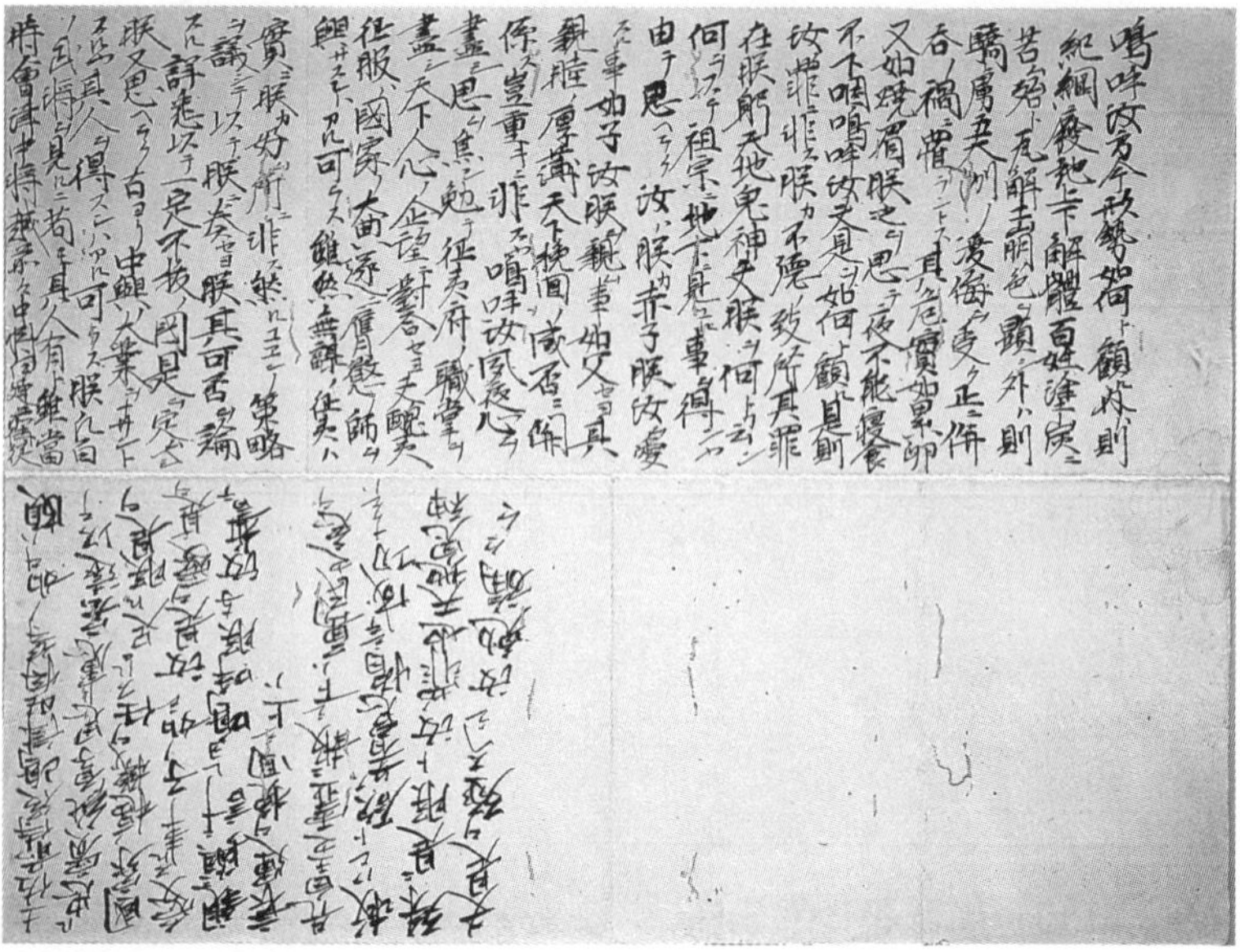

徳川家茂宛孝明天皇宸翰　2度目の上洛をした将軍家茂が1864(元治元)年正月21日に参内した際に孝明天皇から授けられた宸翰。

生をはかることが重視されたが、それは幕府の弱体化を白日のもとにさらすという、逆の意味をもったといえる。

加えて、朝廷とりわけ孝明《こうめい》天皇の攘夷に向けた強固な意志は、「公武一和」の改革そのものに対する足かせとなって、幕府を苦しめた。朝廷の攘夷論は、国《こく》学《がく》の台頭もあって尊王攘夷運動と結びつき、幕政批判が討幕論に転嫁するようになっている。佐幕《さばく》派の関白九条尚忠《かんぱくくじょうひさただ》は、島津久光らの力で朝廷の中枢から排除された。尊王攘夷派は、公武合体《がったい》派の内《ない》大臣久我建通《こがたけみち》や和宮降嫁《かずのみやこうか》に尽力した岩倉具視《いわくらともみ》らを排斥している。そして一八六二年九月には、攘夷督促の勅使に▲三条実美《さんじょうさねとみ》が正使、姉小路公知《あねがこうじきんとも》が副使に任じられた。両者が土佐藩尊王攘夷派の武市瑞山《たけちずいざん》(半平太)らを擁して、京都から江戸へ向かったのである。

かくして、「公武一和」を実現するものとして、将軍家茂の上洛が一八六三(文久三)年三月に予定されると、それに先立って後見職の慶喜が上京することになった。慶喜の使命は、過激な攘夷論を抑え、家茂の上洛を成功させるための朝廷工作である。幕府は、和宮降嫁勅許の際、朝廷から攘夷を約束させられていた。加えて攘夷督促の勅使三条実美の到着が目前になっている。

▼**攘夷督促の勅使**　勅使三条実美・副使姉小路公知の下向については、土佐藩主山内豊範《とよのり》が藩兵を率いて先発した。江戸にはいった三条らは幕府に攘夷督促を命じ、皇室崇敬の勅使待遇を実現させた。

慶喜は基本的に現実をみとおした開国論《かいこくろん》者である。上洛にあたって開国論の立場から、朝廷などの破約攘夷論を放棄させるように説得することの必要を幕府内で主張した。朝廷内の条約破棄などの主張を非現実的とみなしている。しかし、幕府の老中は朝廷の反発を恐れ、攘夷の意向を奉じるという形で、「公武一和」を取りつくろうとする。慶喜は「攘夷奉勅《ほうちょく》」をしてもその実行が困難なことを論じた。いったんは、後見職の辞表を提出している。この慶喜の辞意は、将軍を補佐する立場を投げだすことを意味し、ただでも慶喜を「二心様《にしんさま》」と疑う幕閣の不信感の増大につながった。それにしても、朝廷に攘夷論を放棄するように説得するのは容易でない。幕閣の反発で慶喜もしだいに後退を余儀なくされた。結局は慶喜も難題を先送りにする方向で妥協。攘夷(破約攘夷論▲)を奉じ、それを当分延期するというあいまいな方策をとるようになっている。

文久三年の入京

将軍後見職として一八六三(文久三)年正月五日に上洛した徳川慶喜は、攘夷論の渦中に立たされた。そして江戸では幕府が三条実美勅使に「攘夷奉勅」を約

▼**破約攘夷論**　松平慶永は開国論者であったが、この時期には破約攘夷論者に転じていた。腹心の横井小楠が、勅許をえないで調印した条約をいったん破却し、大名会議で国是を議定して、外交策を確定するように論じたことによる。

しており、そこから逃れることは容易でない。

朝廷では前年十二月、もっぱら国政を議す国事御用掛《こくじごようがかり》▲が設置されていた。京都の慶喜の宿舎には、急進的な攘夷論を掲げた長州《ちょうしゅう》藩の久坂玄瑞《くさかげんずい》らが押しかけてくるようになっている。学習院《がくしゅういん》に若手公卿《くぎょう》が結集し、急進的な攘夷論の拠点になっていた。慶喜は正月十三日、その学習院に出向き、「外夷《がいい》」を拒絶すれば「事変」となることがまちがいないと断じた。尊王攘夷派の公卿を厳しく批判し、脅迫まがいの説得をしている。しかし、関白鷹司輔熙《たかつかさすけひろ》は尊攘派にかつがれ、尊攘派を無視してことを運べなくなっていた。佐幕派を狙った尊攘派浪士《ろうし》による暗殺事件も頻発。公武合体派の中川宮《なかがわのみや》▲や前関白近衛忠熙《このえただひろ》らも、尊攘派に対して腰が引けている。二月には国事参政・国事寄人《よりうど》が設置され、急進的な若手尊攘派公卿が主導権を握るようになった。

そして、慶喜のもとには勅使が派遣され、攘夷期限の決定が求められた。徳川将軍の上洛は三代将軍家光《いえみつ》以来の二三〇年ぶりで、その到着が目前になっていた。将軍家茂が進退に窮するようになった場合は、なによりも後見職慶喜の責任が問われる。慶喜は攘夷期限を、将軍の江戸帰府のおよそ二〇日後と答

▼国事御用掛　一八六二(文久二)年十二月に朝廷内に新設され、尊王攘夷問題に関する衆議をつくすことが目的とされた。翌年二月に国事参政と国事寄人が設けられ、急進的な若手尊王攘夷派が登用され、尊攘派浪士が朝廷内を圧倒するようになった。

▼中川宮朝彦親王　一八二四〜九一年。諱は朝彦《あさひこ》。通称は青蓮《しょうれん》院宮《いんのみや》、中川宮、賀陽宮《かやのみや》、尹宮《いんのみや》。父は伏見宮邦家《くにいえ》親王で、仁孝《にんこう》天皇の養子となり、一八三七(天保八)年に親王宣下《せんげ》。条約勅許に反対し、一橋慶喜の擁立に賛同。一八六二(文久二)年に国事御用掛を命じられ、還俗《げんぞく》して中川宮と称した。公武合体の立場をとり、朝彦の名をあたえられ、弾正《だんじょう》尹に任じられた。一八六四(元治元)年には宮号《みやごう》を賀陽宮と改称した。

えることを余儀なくされた。

慶喜は、攘夷派に牛耳られている京都で、将軍を護ることに奔走した。攘夷を幕府が「奉承《ほうしょう》」するのであれば、将軍に政務を委任するように改めて確認しておくことが欠かせない。慶喜は、将軍家茂の上洛直後の三月五日、庶政について将軍に改めて委任の御沙汰《ごさた》をくだされるように孝明天皇に直訴《じきそ》している。天皇は、庶政を従来のように関東へ委任することとし、「攘夷の挙」はさらに出精すべしと答えた。それを聞いて、慶喜は胸をなでおろしたにちがいない。

しかし、その苦心も関白鷹司輔煕が文書にすると、尊攘派の意をくんだ表現になる。攘夷派の圧力で動揺する鷹司関白の作成した勅書案《ちょくしょ》を、慶喜はさらに修正させ、徹夜の押問答を重ねた。そして、征夷大将軍《せいいたいしょうぐん》については、すべてこれまでのとおりに御委任とし、攘夷の忠節をつくすようにとする文面に抑えている。

それでも、尊攘派が席捲《せっけん》する京都では、徳川将軍の権威も翻弄される。三月七日に家茂が参内した折に受け取った勅書は、政務委任としながらも、国事の事柄によって、ただちに諸藩へ御沙汰をくだすこともあるという言葉が加わっていた。そのうえ、三月十一日には下鴨《しもがも》・上賀茂《かみがも》両社の行幸《ぎょうこう》に供奉《ぐぶ》させられた。天皇の鳳輦《ほうれん》に付き従う将軍は、天皇と将軍の関係を衆目にさらしていた。その後、将軍家茂が江戸への帰参を布告しても、御所《ごしょ》から呼び出しがあって延期となった。天皇は、四月十一日に攘夷祈願の石清水八幡宮《いわしみずはちまんぐう》行幸を行うこととし、またしても将軍に供奉を命じた。社前で攘夷の勅命や節刀《せっとう》授受が行われたら、若年の将軍は逃げることができない。攘夷親征は討幕に転化する。それを危惧《きぐ》した慶喜は、将軍家茂に仮病の風邪発熱と称させ、供奉を辞退させている。みずからも山麓で腹痛を訴えて、行列からはずれたのであった。

また、幕府は四月二十日、攘夷の期日を五月十日と布告することを余儀なくされた。慶喜は、攘夷指揮を名目に四月二十二日に江戸へ向けて出発している。そして、五月八日に江戸に帰着した慶喜は、翌日に老中らを集めて攘夷の号令をくだした。しかし、その実行方法を指示したわけではない。四日後には攘夷を命じた慶喜自身が後見職の辞表を提出▲したのであった。

一方、尊攘派が朝廷を牛耳る事態に対して、幕府老中小笠原長行《おがさわらながみち》▲が一六〇〇人の兵力を率いて、蒸気船で六月一日に大坂に上陸した。小笠原は、京都に兵

▼**後見職の辞表提出**　慶喜は攘夷期日を朝廷に五月十日と約し、五月八日の江戸帰着とともに横浜鎖港委員を任命した。しかし、慶喜自身は攘夷を困難とする考えで、その後に将軍にかわって朝廷へ攘夷無期限を奏請し、後見職の辞職を関白鷹司輔熙に願い出ていた。

▼**小笠原長行**　一八二二〜九一年。肥前唐津《ひぜんからつ》六万石の出身。老中格をへて一八六五(慶応元)年に老中となった。その間、一八六三(文久三)年六月に率兵上京を行い、松浦玲『徳川慶喜』は、それが徹底されていれば政局転換につながったと注目している。一八六六(慶応二)年に老中に再任されると翌年に外国事務総裁をかね、兵庫開港に尽力した。

を進めて朝議を一変させ、将軍家茂の東帰などを企図したようだ。小笠原は淀《よど》まで進出し、京都側は騒然となったが、結果は腰砕けに終っている。この一種の軍事クーデター計画は、将軍家茂や幕閣との意思疎通がなかったようで、京都の掌握にいたっていない。それでも家茂の東帰が認められた。家茂は六月九日に京都を発ち、大坂に向かっている。十三日には大坂をあとにし、帰途は海路を用い、江戸へ戻ったのであった。

慶喜は後見職として将軍を護ることに奔走したが、幕閣の協力は必ずしも十分とはいえない。その原因は、後見職があいまいな職掌で、そのうえ、慶喜が継嗣問題で家茂と将軍職を競ったことから、家茂の周辺からつねに警戒の目でみられたことによる。慶喜が江戸へ向けて先発したことも、将軍を置き去りにした逃亡などと不評を買った。「二心様」と揶揄《やゆ》された慶喜に対する悪評がそれをうかがわせる。

文久政変と参予会議

国事御用掛のもとで国事参政・国事寄人に食い込んだ尊攘派の力は、幕府の京都所司代《しょしだい》さらに京都守護職《しゅごしょく》▲が放置できない事態であった。急進的な尊攘論に批判的な有力大名《だいみょう》、とりわけ公武合体を進めてきた薩摩藩にとっても無視できない状況である。そして、孝明天皇もまた尊攘派の急進論の先行きを危惧▲し、中川宮などに不安を示すようになった。

一方、一八六三(文久三)年五月十日の攘夷期限になると、長州藩は関門《かんもん》海峡を通行する外国船に砲撃を加えた。尊攘派の真木和泉《まきいずみ》▲などは、三条実美を通じて攘夷親征《しんせい》を奏請《そうせい》している。八月十三日には、攘夷祈願のために神武《じんむ》天皇陵・春日《かすが》神社などを参拝し、親征の軍議を行い、そのうえで神宮に行幸する旨の詔《みことのり》が発せられた。孝明天皇みずからが大和《やまと》に行幸し、神武天皇陵などを参拝して親政の軍議を行うというのである。

この突出した事態に直面し、朝廷内では前関白近衛忠熙、右《う》大臣二条斉敬《にじょうなりゆき》などが、過激な親征論に躊躇《ちゅうちょ》するようになった。在京の諸藩の憂慮も強い。そのような折、薩摩藩士高崎左太郎《たかさきさたろう》(正風《まさかぜ》)らは会津《あいづ》藩と連携し、中川宮に依頼して形勢を挽回することを画策した。会津藩士秋月悌次郎《あきづきていじろう》(胤永《かずひさ》)らが、それに呼応している。そして、中川宮が十五日に参内《さんだい》。天皇の親征に関する叡慮《えいりょ》が真意

▼**京都守護職**　一八六二(文久二)年閏《うるう》八月に設置され、京都の治安維持を担当し、京都所司代・大坂城代《じょうだい》を指揮した。会津藩主松平容保が就任し、第一次長州征討で容保が陸軍総裁に任じられると、後任に松平慶永が補せられたが、すぐに容保が守護職に復職した。

▼**孝明天皇の宸翰**　天皇は、徳川家茂の参内に対して、天皇と将軍が父子のように親しみ、内憂外患の危機的状況を挽回することを命じた。家茂と島津久光らが協力して政務を行うように求めた宸翰を手交している。

▼**真木和泉**　一八一三〜六四年。久留米水天宮《くるめすいてんぐう》の祠官《しかん》。江戸で会沢《あいざわ》正志斎《せいしさい》の影響を受け、京都で尊王攘夷運動に奔走。三条実美の信任をえて一八六三(文久三)年六月に学習院御用掛となった。同年八月の政変で長州に逃れ、翌年に上洛。七月の禁門の変に敗れ、自刃した。

でないことを確かめた。

かくして、会津藩と薩摩藩は一八六三年八月十八日、京都御所の九門を封鎖するクーデターを断行した。九門のうちの公家《くげ》門だけをあけ、中川宮・近衛前関白・二条右大臣・守護職松平容保《かたもり》▲・所司代稲葉正邦《いなばまさくに》らが参内した。そして、「親征行幸」を否定し、三条実美らの参内・他行《たこう》を停止して、長州藩の堺町門《さかいまちもん》警固を免じる勅旨《ちょくし》が伝えられた。尊攘派が依拠した国事参政・国事寄人も廃している。尊攘派は寝耳に水の事態で、関白鷹司輔熙邸にかけつけ、さらに御所を離れて妙法院《みょうほういん》に集結したがどうにもならない。三条実美・橋本実梁《はしもとさねやな》・東久世通《ひがしくぜみち》禧《とみ》など七人の公卿が長州に移って再起を期すこととなった。いわゆる七卿《しちきょう》落《お》ちと称される事態である。

尊攘派を駆逐したあとの京都では、有力諸侯《しょこう》の上京《じょうきょう》が求められ、公議《こうぎ》が標榜された。朝廷のもとの文久政変の主役となった薩摩・会津両藩主、および有力諸侯が朝廷の参予《さんよ》に任じられている。十二月二十六日に入京した慶喜は同月晦《みそ》日《か》に参予に任命された。松平容保・松平春嶽・山内容堂《やまうちようどう》・伊達宗城《だてむねなり》▲も同日の任命である。もう一方の主役の島津久光は、翌年正月十三日に加わった。

▼**松平容保**　一八三五〜九三年。美濃《みの》高須《たかす》三万石の松平義建《よしたつ》の六子で、一八五三(嘉永六)年に会津松平二三万石を襲封。一八六二(文久二)年閏八月に京都守護職に就任し、文久政変後に参予に任じられ、禁門の変で長州藩兵を撃退した。第一次長州征討で陸軍総裁となり、佐幕派の中心となった。鳥《と》羽《ば》・伏見の戦いに敗れて江戸に東帰。奥羽越列藩同盟《おううえつれっぱんどうめい》諸藩と連携して新政府軍と戦い、敗れて降伏した。

▼**伊達宗城**　一八一八〜九二年。旗本《はたもと》山口直勝《やまぐちなおかつ》の次男で、宇和島一〇万石余の当主伊達宗紀《むねただ》の養子となり、一八四四(弘化元)年に襲封。将軍継嗣問題で一橋派に属し、安政の大獄で隠居。一八六三(文久三)年に参予に任じられて公武合体を推進。王政復古後の新政権で議定《ぎじょう》に任じられ、外国官知事や民《みん》部《ぶ》兼大蔵卿《おおくらきょう》を歴任した。

この参予会議については、長州藩と三条実美らの処分、および攘夷の実行がおもな議題となった。孝明天皇は、これまで「彼是《かれこれ》真偽不分明の儀」があったとし、八月十八日の政変以後が真実の存意であると詔したが、天皇の攘夷の気持ちは相変わらずである。それに対して、薩摩藩は開国論。この点について薩摩藩は、朝廷内に手をまわしていた。天皇自身が無謀な征夷を好まないという薩摩寄りの文言を加えた勅書を用意している。

一方、幕府は天皇の意を受けて、攘夷奉承を実現すべく条約延期の交渉を進めていた。攘夷の意向にそって幕府は横浜鎖港を掲げるようになっている。諸外国の反発でそれが簡単に実現できるとは思っていないが、いまさら鎖港論を引っ込めることはできない。そして一八六四(元治《げんじ》元)年正月には、将軍家茂が二度目の上洛を行った。家茂は薩摩の開国論に対抗する思いもあって、天皇に横浜鎖港▲・攘夷の請書を提出したのであった。

慶喜もこの将軍・老中の意向にさからうことはできない。参予会議▲は、松平春嶽・島津久光・伊達宗城らが横浜鎖港の不可を論じたが、慶喜は幕府の立場から鎖港・攘夷を主張。会議は、横浜鎖港可否をめぐって参予間の対立が抜き

▼**横浜鎖港問題**　幕府は、一八六三(文久三)年十月にイギリス・フランス両国と横浜鎖港に関する交渉を行った。交渉は進展せず、幕府は長州藩砲撃事件の謝罪と鎖港談判とをかねて、池田《いけだ》筑後守《ちくごのかみ》・河津《かわづ》伊豆守《いずのかみ》らの使節団を両国へ派遣した。

▼**参予会議**　松平春嶽は、一八六三(文久三)年十二月に参予会議が計画されると、「何とぞ強情を張らざるよう遊ばされたし」と慶喜に釘を刺した。慶喜はそれに対して、中川宮邸に乗り込み、酒席を利用して久光と春嶽を罵倒している(『徳川慶喜公伝』)。

禁門の変錦絵（小林清親《きよちか》画）　中央の馬上で指揮しているのが禁裏御守衛総督の徳川慶喜。

差しならないものに陥った。

慶喜は薩摩藩側に協力するようになった中川宮《なかがわのみや》に対しては、宮の屋敷へ乗り込み、変節《へんせつ》したことを糾弾している。同席した春嶽・宗城・久光に対しても、「ねじあげの酒呑み」と誹《そし》られた大酒を装い、春嶽ら三人を「天下の愚物《ぐぶつ》、天下の奸物《かんぶつ》」と面罵した。

この春嶽は参予会議に乗り気で、それを諸侯会議として定例化したいと考えていた。しかし、幕府にとって諸侯の参予会議は好ましいものではない。京都の参予会議が主流となれば、幕府の存在そのものが問われる。慶喜は鎖港・攘夷を主張することで、参予会議に政局の主導権が移ることを阻止し、幕府の危機を回避することに一役買ったのである。

それにしても、聡明な慶喜であれば、朝廷の参予会議のもとに諸侯を結集する方策が、時の流れに合致していることを察していたはずである。弱体化した幕府を参予会議を利用して立てなおす方法も存在したにちがいない。この時期であれば、幕府主導のもとで有力諸侯を結集した公議政体の形成が、可能であったように思われる。結果として、参予会議は瓦解し、慶喜自身も松平春嶽らの公武合体派の有力諸侯の信頼を失った。とくに島津久光を敵にまわすようになったつけは、その後の慶喜にとっても大きな痛手であったにちがいない。

西の将軍・禁裏御守衛総督

参予会議の解体をもって慶喜は将軍後見職の辞表を提出したが、同じ一八六四(元治元)年三月二十五日、慶喜は禁裏御守衛総督《きんりごしゅえいそうとく》▲に任じられた。外国軍艦に対する大坂湾の海防と京都の守衛が重視され、新職の設置が望まれたことによる。その任命は朝廷で、禁裏御守衛総督摂海防禦指揮を命じるとあった。そして沙汰書には、将軍家茂が「右之通被仰出候《おおせいだせられそうろう》」とし、在京中は相変わらずの「御心副《おこころぞえ》」と「御後見」をするようにと追記した。それは島津久光が大坂湾の警備を朝廷へ願い出ていたことに対し、先手を打った施策でもあったようだ。それにしても京都守護職と権限が重なり、慶喜の野望として、「二心様」の疑いが強まることになっている。結果として、慶喜は朝廷の任命で両職に就き、大坂湾の防衛、京都御所の守衛という将軍にかわる地位に就いたのである。

そのような禁裏御守衛総督が、大舞台の主役となったのは一八六四年七月十

▼**禁裏御守衛総督**　慶喜は、一橋家の一〇万石に加えて、禁裏御守衛総督の手当て七五〇〇俵を幕府から付与された。家臣の大半は幕臣《ばくしん》であり、畿内《きない》では京都守護職や京都所司代の力を借りねばならず、徳川将軍の指揮権のもとで職責を果たさねばならなかった(松浦玲『徳川慶喜』)。

八日の禁門の変であった。戦争は、文久政変で京都を追われた長州藩が復権を企図し、六月に軍勢を上京させたことに起因する。新撰組《しんせんぐみ》が尊攘派の志士《しし》を襲撃した池田屋《いけだや》事件▲が、それを加速した。悲憤《ひふん》・慷慨《こうがい》した志士や長州藩士は、伏見から福原越後《ふくはらえちご》、山崎《やまざき》から益田右衛門介《ますだうえもんのすけ》、嵯峨《さが》から国司信濃《くにししなの》・来島又兵衛《きじままたべえ》らが京都を包囲した。そして、十八日の夜に有栖川宮幟仁《ありすがわのみやたかひと》・熾仁《たるひと》親王父子や尊攘派の公卿が参内。それと軌を一にして長州藩側が御所に向けて進撃したのであった。

この危機に対して、禁裏御守衛総督の慶喜は、ただちに御所に参内▲した。御所に向かう途中では、長州側の斥候《せっこう》と二度にわたって並走している。慶喜は天皇から諸事一任を受けて指揮をとり、菊亭家《きくていけ》にはいって具足をつけた。九門をまわると、長州側の来島隊が中立売門《なかたちうりもん》を破って御所内に進入するようになっていた。長州側の狙いは、御常御殿《おつねごてん》に板輿《いたごし》を差し回し、天皇の動座をはかることであったようだ。慶喜は御所内で動揺する天皇や公卿をおさえ、外の戦闘を指揮し、諸藩の藩兵を戦況に応じて投入している。慶喜自身も、巡視中に乗馬が傷つき、従兵も負傷した(禁門《きんもん》の変《へん》▲)。嵯峨から進撃した長州側は蛤御門《はまぐりごもん》でも戦

▼**池田屋事件**　参予会議の瓦解後、尊王攘夷派は京都へ潜入し、中川宮や会津藩主松平容保らの襲撃を企図するようになった。新撰組の近藤勇《こんどういさみ》らは、京都守護職の協力をえて、一八六四(元治元)年六月に三条小橋《こばし》の池田屋に会した三〇余人の志士を襲撃。吉田稔麿《よしだとしまろ》ら多数の志士が殺害・捕縛された。

▼**慶喜の参内**　京都守護職の松平容保から急報をえた慶喜は、衣冠を着けて参内した。途中で抜身の槍を携えた長州側の斥候二人に遭遇し、さらに同じような二人に出会っている。慶喜は参内して天皇へ「天機を伺」い、関白に謁し、そこへ伏見での戦いの一報が到着したという(『徳川慶喜公伝』)。

▼**禁門の変**　慶喜は中立売門の防御が危機に瀕すると、付き添っていた歩兵隊を救援に送った。さらに朔平門《さくへいもん》をすぎて台所門に進むと、長州藩側から多数の銃弾が飛来し、乗馬が傷ついたという。

い、山崎から進んだ久坂義助《よしすけ》(玄瑞)▲・寺島忠三郎《てらじまちゅうざぶろう》らは、御所内の鷹司邸に立てこもっている。戦況は、西郷隆盛《さいごうたかもり》の指揮する薩摩藩兵が幕府側に参戦し、それが決定的であった。長州側は京都御所から敗退し、真木和泉らは天王山《てんのうざん》で自尽して、戦いは幕府側の勝利に終っている。

「二心様」の戦い

一八六四(元治元)年七月の禁門の変に勝利した幕府側は、元尾張《おわり》藩主徳川慶《よし》勝《かつ》を征長総督に任じ、諸藩に長州藩征討を命じた。八月五日にイギリス・フランス・アメリカ・オランダ四国連合艦隊が下関《しものせき》を砲撃している。攘夷を掲げた長州藩が外国船を砲撃したことに対する報復である。一方、京都で敗退した長州藩では、守旧派が藩内の主導権を握り、恭順する姿勢に転換。京都に攻め込んだ国司信濃・福原越後など三家老《かろう》に死を命じ、参謀《さんぼう》を斬首している。

幕府は、長州藩の恭順姿勢を幕権復活の到来とみなした。幕府の威信を強化し、参勤交代制や妻子の江戸居住などを復旧している。この幕府の強権は、慶喜の出身の水戸《みと》藩天狗党《てんぐとう》に対する厳しい処分にも示された。攘夷のさきがけを

▼久坂玄瑞　一八四〇〜六四年。通称は義助。長州藩士で吉田松陰《よしだしょういん》の松下村塾《しょうかそんじゅく》に学んだ。藩論を公武合体から尊王攘夷に転換させることに尽力。一八六三(文久三)年八月の政変後は長州藩勢力の回復につとめ、翌年の禁門の変に参加した。鷹司邸で幕府側に包囲攻撃され、寺島忠三郎・入江九一《いりえくいち》らとともに自尽。

意図した天狗党は、慶喜を頼って京都をめざし、十二月に敦賀《つるが》で降伏。幕府は武田耕雲斎《たけだこううんさい》▲ら三五〇余人を斬首している。幕府は、京都の慶喜に対しても警戒を強め、老中阿部正外《あべまさと》と本庄宗秀《ほんじょうむねひで》が兵力を擁して一八六五(慶応《けいおう》元)年二月に入京。慶喜や京都守護職松平容保、同所司代松平定敬《さだあき》に江戸東帰を求めるようになった。

それにしても、慶喜の禁裏御守衛総督は直接的には朝廷から任命された役職である。幕府の圧力で慶喜が辞職しなければならないわけではない。「一心様」と揶揄されても、プライドの高い慶喜は、筋違いの圧力に対して屈するほど柔《やわ》ではない。慶喜はその東帰の命を拒否し、関白二条斉敬も入京した阿部・本庄両老中を逆に面責したのであった。

一方、長州藩内では一八六四年十二月にはいると、高杉晋作《たかすぎしんさく》▲らが諸隊を率いて蜂起し、守旧派を破り、藩内をいわゆる「武備恭順」に変えていった。禁門の変後に但馬国出石《たじまのくにいずし》に隠れていた木戸孝允《きどたかよし》▲も帰藩し、幕府に対する抵抗の姿勢を強めている。それに対して、幕府は一八六五年五月、和歌山藩主徳川茂承《もちつぐ》を征長先鋒総督に任じ、諸藩に第二次長州征討を発令した。五月十六日には将軍家

▼武田耕雲斎　一八〇四〜六五年。水戸藩士で徳川斉昭の擁立に尽力し、改革派の重鎮となった。のちに家老となり、一八六四(元治元)年に藤田小四郎《こしろう》らが蜂起した天狗党筑波《つくば》挙兵に合流。天狗党の総大将となって、尊王攘夷を訴えるために京都をめざしたが、慶喜が鎮圧を願い出たことを知って降伏した。幕府の若年寄田沼意尊《たぬまおきたか》らの厳しい方針で天狗党の多くが処刑された。

▼高杉晋作　一八三九〜六七年。号は東行《とうぎょう》。長州藩の藩校明倫館《はんこうめいりんかん》で学び、松下村塾に入門した。江戸の昌平黌《しょうへいこう》に入学し、佐久間象山《さくましょうざん》を知った。一八六二(文久二)年に上海《シャンハイ》で太平天国《たいへいてんごく》の乱《らん》を目撃し、尊王攘夷運動を主導。翌年の外国軍艦の下関砲撃に際して奇兵隊《きへいたい》を創設。下関で挙兵し、藩論を討幕に向け、一八六六(慶応二)年の第二次長州征討で幕府軍を撃退した。

茂自身が進発し、三度目の上洛をして九月に長州再征の勅許《ちょっきょ》をえたのである。

しかし、一八六五年九月にはイギリス・フランスなど四カ国の外交団が、兵庫沖に来航した。イギリスの特命全権公使ハリー＝パークス▲は、大坂の天保山《てんぽうさん》沖まで軍艦を進出させ、改めて条約勅許と兵庫の早期開港などを求めている。将軍家茂は大坂城にはいり、老中阿部正外が兵庫で交渉。阿部は外国側の強い要求に直面し、老中松前崇広《まつまえたかひろ》とともに兵庫の早期開港を認めるようになった。これに対して慶喜は急ぎ大坂に出張し、安易な開港に強く反対している。勅許をえないままに兵庫を開港したら、朝廷の反発をおさえられないと阿部老中を批判したのである。

朝廷は両老中の官位を奪い、謹慎を命じた。この朝廷の措置に対して、今度は幕府側が強く反発している。家茂は条約勅許と兵庫開港を奏請《そうせい》するとともに、将軍職の辞表を提出。後任に慶喜を推し、自身は江戸へ東帰する対応にでた。幕府内では、慶喜の画策で将軍の辞職・東帰にいたったとし、慶喜を排除しようとする動きを生じている。辞表をだして江戸に帰ろうとする家茂の姿勢は、慶喜にとって予想外であった。慶喜はみずから伏見に急行し、家茂の江戸東帰

▼**木戸孝允**　一八三三～七七年。長州藩医和田家に生まれ、桂《かつら》家の養子となって桂小五郎《こごろう》。江戸にて斉藤弥九郎《さいとうやくろう》道場にはいり、手塚《てづか》律蔵《りつぞう》や中島三郎助《なかじまさぶろうすけ》などに学ぶ。尊王攘夷運動に参加し、池田屋事件の危機を逃れ、禁門の変に敗れたあとは、但馬の出石に潜伏した。帰藩後に藩主の命で木戸貫治《かんじ》と改め、孝允と改称して長州藩討幕派勢力の中心となった。翌年には薩摩藩側の西郷隆盛らとのあいだで薩長盟約を締結した。

▼**ハリー＝パークス**　一八二八～八五年。イギリスの外交官で、一八六五(慶応元)年閏五月に駐日特命全権公使となった。列国公使団の中心となり、外国側の地位と自由貿易の確立に尽力。フランスに対抗して薩摩・長州両藩を支援し、政局の転換に大きな影響をあたえた。

徳川慶喜（禁裏御守衛総督時代）　写真の左側は，アメリカから献上された当時の最新のライフル銃。

太刀を手にした徳川慶喜

フランス皇帝ナポレオン3世から贈られた軍服を着用した徳川慶喜（将軍時代）

馬上の徳川慶喜（将軍時代）

を思いとどまらせ、二条城へはいらせている。そして朝議《ちょうぎ》の開催を要求して条約の勅許に全力をあげた。

朝廷会議は、十月四日から五日にかけて開催された。慶喜は兵庫早期開港の問題を表にださず、まず懸案となっていた条約勅許を獲得しようとした。薩摩藩側の意を受けた内《ない》大臣近衛忠房《このえただふさ》などは、公議公論を集めるために諸侯を召集した会議を開催するように求めた。幕府の専制体制を否定しようとする方向で、在京の諸藩代表から意見が徴されている。慶喜は諸藩の意見が概して開港承認にあるとし、関白二条斉敬に徹夜の朝議を求めた。最後は条約中の不都合な箇所を取り調べて決定する旨を別記し、通商条約勅許の合意にこぎつけている。硬軟の弁論を駆使し、因循《いんじゅん》な公卿を威嚇《いかく》して、勅許をださせることができるのは慶喜しかいない。四カ国の外交団も、慶喜の尽力した懸案の条約勅許獲得▲を評価し、兵庫早期開港の要求はそのままとすることに同意したのであった。

▼**勅許獲得**　慶喜は条約勅許の獲得に全力をあげた。慶喜はこれまで死を決したことが三度あったが、条約勅許の獲得の苦心がその一つであったと回想している。慶喜は、その尽力もあって一八六五(慶応元)年十月に政務輔翼を命じられた(『徳川慶喜公伝』)。

③—将軍慶喜の大政奉還

第十五代将軍へ就任

第二次長州《ちょうしゅう》征討は、幕府《ばくふ》海軍による一八六六(慶応《けいおう》二)年六月七日の瀬戸大島攻撃に始まった。しかし長州藩は、幕府に批判的な姿勢を強めた薩摩《さつま》藩とのあいだで、同年正月に薩長盟約《さっちょうめいやく》▲を結んでいた。薩摩藩の協力で長崎から海外の最新の銃砲・軍艦などを入手。瀬戸大島でも、高杉晋作《たかすぎしんさく》らが幕府海軍に奇襲攻撃を加え、同島を奪還している。幕府軍が主力を向けた山陽道《さんようどう》では、なんとか長州側を押し返して一進一退であったが、山陰道《さんいんどう》では幕府側の浜田《はまだ》城が長州藩に占領されたのであった。

このような幕府側の苦戦のなかで、七月二十日、将軍家茂《いえもち》が大坂城で急逝した。脚気衝心《かっけしょうしん》による二一歳の死である。家茂は三回も上洛《じょうらく》し、最後に大坂城にはいって長州藩との対決に臨んだが、陣中で病死したのであった。幕府内では後継に田安亀之助《たやすかめのすけ》▲の名があがった。しかし亀之助は四歳。瀬戸際に立たされた幕府の難局を考えると、やはり幕政《ばくせい》を支えてきた慶喜が最有力となる。多難

▼薩長盟約　土佐出身の中岡慎《なかおかしん》太郎《たろう》や坂本龍馬が画策し、長州藩の木戸孝允が上京して一八六六(慶応二)年正月に薩摩藩邸で約された。盟約は、長州と幕府が開戦となった際の薩摩藩側の支援など六カ条からなり坂本が同席した。以後、両藩の提携が強化され、討幕運動の大きな前進に結びついた。

▼田安亀之助　一八六三〜一九四〇年。徳川家茂は江戸進発に際して、自身の後継に徳川慶頼《よしより》の三男亀之助の名をあげていた。天璋《てんしょう》院《いん》は亀之助を後継者と考えたが、四歳の亀之助では収拾がむずかしく、将軍夫人親子《ちかこ》内親王(静寛院《せいかんいんの》宮《みや》)も慶喜を推し、慶喜が擁立された。

な京都政局に対処できるのは、将軍後見職《こうけんしょく》、禁裏御守衛総督《きんりごしゅえいそうとく》であった慶喜以外にみあたらない。

しかし、慶喜は周囲から将軍に推戴されても、二つ返事でただちに引き受けるようなことはしない。聡明な慶喜ゆえに、幕府の前途の困難と危機的状況は、誰よりもわかっていたように思われる。側近の大目付《おおめつけ》永井《ながい》尚志《なおゆき》が内々に宗家《そうけ》相▲続を説き、老中《ろうじゅう》板倉勝静《いたくらかつきよ》や松平春嶽《まつだいらしゅんがく》が懇請したが、慶喜は拒否し続けた。そこが「ねじあげの酒呑み」とあだ名され、十分に勧められたうえで引き受ける所以《ゆえん》かもしれない。そして七月二十七日にいたって、徳川宗家の相続のみを承諾した。徳川家の宗家相続と全国に関係した将軍職就任を区別し、後者は留保している。これまで徳川宗家が自動的に就任していた将軍職は、朝廷・諸藩の推戴を受けたうえで判断するとして、辞退したのであった。

また、危機に直面した第二次長州征討については、自身が幕府軍を率いて前線に向かうことを表明。それを朝廷に奏請《そうせい》した。幕府軍が敗北するようでは徳川宗家の先行きも知れているだけに、その挽回に決死の姿勢を示している。しかし、慶喜が大坂を出発する直前に九州の小倉《こくら》城陥落の報が到達。幕府軍を指

▼**宗家相続**　慶喜は相続後の一八六六(慶応二)年九月、八カ条の施政方針を老中に提示している。その慶喜は、前年三月に松平春嶽に宛て、幕府の威信回復の不可能を書いていた。側近の原市之進《はらいちのしん》にも徳川家を維持することが覚束ないと語っていたという(『徳川慶喜公伝』)。

揮していた老中小笠原長行《おがさわらながみち》が軍艦で逃げだし、小倉城は長州藩の奇兵隊《きへいたい》などに占領されていた。慶喜はただちに出陣を中止し、敗戦の収拾を企図する。変わり身が早い慶喜の対応に、会津《あいづ》藩は最後まで反発。慶喜に押しきられて再征を認めた関白《かんぱく》二条斉敬《にじょうなりゆき》の不満は強く、公家《くげ》からは慶喜の変節に対して、朝廷を愚弄するとの批判を生じた。それでも慶喜は、将軍死去を理由として、八月十六日に征長停止の勅許《ちょっきょ》を獲得。そして謹慎に処されていた勝義邦《よしくに》▲(海舟《かいしゅう》)を復帰させ、厳島《いつくしま》に派遣して長州藩側との休戦交渉にはいったのであった。

軍事的敗北に直面して、徳川側は将軍「空位」といった事態が許されなくなった。薩摩藩は後継将軍が決定しないあいだに、将軍そのものを否定しようと画策している。諸侯《しょこう》会議を基軸とした雄藩連合体制への移行である。また朝廷では、岩倉具視《いわくらともみ》▲が王政復古《おうせいふっこ》の建議を朝廷に提出し、それに応じて大原重徳《おおはらしげとみ》ら二二人の公家が列参した。二条関白に対して、幕府に近い中川宮《なかがわのみや》(賀陽《かや》宮)らを糾弾し、王政復古を主張するようになったのである。

このような危機に対して、慶喜は越前《えちぜん》藩の松平春嶽に事態の建直しに向けた協力を求めた。春嶽は公武合体《こうぶがったい》のもとで諸侯会議が政治の中心となることを期

▼**勝義邦**　一八二三～九九年。諱《いみな》が義邦、のちに安芳《やすよし》。雅号海舟。通称は麟太郎《りんたろう》。蘭学《らんがく》を学び、蕃書《ばんしょ》翻訳御用《ごよう》を命じられ、長崎海軍伝《でん》習所《しゅうじょ》の伝習生監督となった。一八六〇(万延《まんえん》元)年に咸臨丸《かんりんまる》でアメリカを訪問。神戸《こうべ》海軍操練所《そうれんじょ》で諸藩の人材と海軍育成を推進。第二次長州征討の敗北後、解兵に向けて長州藩側と交渉。江戸開城《えどかいじょう》では、徳川家存続のために尽力を重ねた。

▼**岩倉具視**　一八二五～八三年。雅号友山《ゆうざん》・対岳《たいがく》。堂上公家。条約問題で勅許に反対。その後、公武合体を唱えて和宮降嫁《かずのみやこうか》の推進役となり、尊王攘夷派に弾劾《だんがい》されて辞官落飾。幽居中に王政復古を論じ、朝廷の復権を企図した。一八六七(慶応三)年三月に入洛《じゅらく》を許され、公家の中山忠能や薩摩藩の大久保利通と提携して討幕を画策。十二月九日の王政復古の大号令《だいごうれい》を推進した。

待している。慶喜は春嶽の諸侯会議構想に理解を示し、その協力を獲得することに全力をあげた。そして、慶喜は再征の事後処理として、朝廷を通じて二四藩に召集を命じた。応じた藩は少数であったが、それでも慶喜は加賀《かが》・阿波《あわ》などの諸藩主や世子《せいし》を二条《にじょう》城に引見。諸侯が後日に意見書をだすという形の諸侯会議を行った。

かくして、諸侯会議をふまえた慶喜は、十二月五日、正二位《しょうにい》・権大納言《ごんだいなごん》・征《せい》夷大将軍《いたいしょうぐん》・右近衛《うこのえ》大将などに任じられた。▲ 慶喜は実に巧妙である。結果として、松平春嶽は諸侯会議への期待を裏切られ、帰藩していた。慶喜は三〇歳。八年前の将軍継嗣問題で慶福《よしとみ》（家茂《いえもち》）に敗れ、その後も「二心様《にしんさま》」と陰口を受けながらも、ようやく幕府の首長となる将軍職にたどりついた。それにしても、頭は切れるが、変わり身が早く、諸侯の信頼が薄いという評価から逃れられなくなったのも事実であった。

天皇急逝と兵庫開港

徳川慶喜が将軍に就任した二〇日後、孝明《こうめい》天皇が崩御した。践祚《せんそ》した祐宮《さちのみや》

▼**将軍就任**　慶喜の将軍職就任については、老中板倉勝静が、艱難に直面した徳川家の社稷《しゃしょく》を保つことができるのは慶喜以外にいないとして、その就任を強く説得した。孝明天皇も慶喜の就任を支持した。

(睦仁親王《むつひとしんのう》、明治天皇)は、数え年一六歳にすぎない。天皇の死因については、討幕派《とうばく》による暗殺説が噂《うわさ》された。天皇の疱瘡《とうそう》の症状が回復途上とされながら、一八六六(慶応二)年十二月二十五日の急死にいたったことも、その理由である。イギリス外交官のアーネスト＝サトー▲も、暗殺論が存在したことを記している。もちろん、それが実証されたわけではない。病死と考えるのが素直なようだ。それにしても、孝明天皇の死は慶喜にとって痛手であった。攘夷《じょうい》の意識が強固な天皇には苦しめられたが、なによりも天皇は慶喜を頼りにしていた。

慶喜は、まず天皇の大喪《たいそう》を利用して征長軍の解兵《かいへい》を朝廷に奏請し、一八六七(慶応三)年正月二十三日に全国に発表した。そして慶喜は、列強の支持を確保すべく、懸案の兵庫開港問題の打開に全力をあげた。慶喜は将軍就任が具体化した前年十二月、列国外交代表者との引見をすでに通告している。一八六七年二月には、親幕府の姿勢をとるようになっていたフランス公使レオン＝ロッシュ▲と大坂城で面会。改めて兵庫開港の必要を助言されていた。ロッシュからは、海陸軍の拡張と中央集権体制の確立に向けた支援の申入れを受けている。そして慶喜は、兵庫開港勅許を要請する上書《じょうしょ》を朝廷に提出した。勅許は獲得にいた

▼アーネスト＝サトー　一八四三～一九二九年。一八六二(文久二)年八月に来日。日本語通訳官をへて一八六八(明治元)年に書記官となる。オールコックとパークスの両公使のもとで日本各地に出張し、薩摩・長州両藩関係者とも積極的に交流。『ジャパン・タイムズ』に載せた論稿が『英国策論』として出版され、討幕派に大きな影響をあたえた。『一外交官の見た明治維新』が自叙伝である。

▼レオン＝ロッシュ　一八〇九～一九〇一年。第二代の駐日フランス公使として一八六四(元治元)年に来日。ナポレオン三世の積極政策を背景に横須賀製鉄所建設や横浜《よこはま》仏語学校創設などに尽力。とくに徳川慶喜に対して幕政改革と統一政権の樹立を助言した。イギリスとの対立を危惧《きぐ》した本国政府の対日政策の転換で、一八六八(明治元)年に帰国した。

将軍時代の徳川慶喜　慶喜が一八六七(慶応三)年三月二十八日に大坂城で各国公使団を謁見した折、イギリス軍艦サーペント号のサットン大佐(機関長)が撮影した写真。

らなかったが、それでも慶喜は三月二十二日に大坂へ向かっている。

慶喜は大坂城でイギリス・オランダ・フランス公使と会見。騎兵の乗馬や馬車を引見し、各国公使に対して洋食を振る舞った。洋装写真など、国内では「洋癖」と揶揄《やゆ》された開化《かいか》ぶりも、外国側の信頼をえる効果は大きい。幕府に批判的なイギリス公使パークスは将軍を「ハイネス」と呼んでいた。「マジェスティ」と敬称したフランス・オランダ・アメリカより低い呼称であったが、そのパークスも新将軍慶喜の「個人的素質」を高く評価するようになった。慶喜は四月にはいると、外国側に条約どおりの開港を実施する旨を宣言している。朝廷に対しては一般への開港布告を行わないと回答しながらも、まずは諸外国からの信任を取りつけることに成功したのであった。

これに対して、薩摩藩側は兵庫開港を進めようとする慶喜の勅命《ちょくめい》違反を指摘。諸侯の上京を求め、慶喜を追及しようとした。幕府に協力的な議奏《ぎそう》・伝奏《てんそう》を罷免させ、京都御所《ごしょ》の警備に薩摩・因幡《いなば》・備前三藩を加えようとしている。そして一八六七年五月十四日に、二条城で松平春嶽・山内容堂《やまうちようどう》・伊達宗城《だてむねなり》・島津久光《しまづひさみつ》の四侯が兵庫開港を求める慶喜とあい対峙した。

四侯の側は兵庫開港に賛成であったが、とくに島津久光は、開港勅許に先立って長州の赦免《しゃめん》を行うように要求した。薩摩藩は、薩長盟約の約束を果たすためにも長州の赦免を重視している。それに対して慶喜は、長州の国内問題より開港の対外問題のほうが急務であるとし、開港勅許の優先を主張した。会議は十七日・十九日・二十二日にも行われている。薩摩藩の強硬な姿勢の背景には、朝廷を利用して四侯会議に実質的な政権を移させようとする大久保利通《おおくぼとしみち》らの企図が存在した。しかし、会議では両方を並行して処理する折衷案がだされ、慶喜の粘り腰におさえられた。四侯の側はもともと兵庫開港に賛成であるから、それ以上の糾弾ができない。長州赦免の問題を優先勅許すべきという手続上の問題だけで、慶喜の権限を奪いとるまでにはいたらなかったのである。

四侯会議をおさえた慶喜は、五月二十三日の朝議《ちょうぎ》でも、長州赦免を先行すべきとする二条摂政《せっしょう》らと徹夜の会議を重ねた。そして、最後は二条摂政に強要し、長州を寛大にするという勅許とともに、兵庫開港を認める勅許を入手している。六月六日、幕府は十二月七日からの兵庫開港、および江戸・大坂両市に外国人の居留の許可を正式に布告したのであった。

土壇場の幕政改革

兵庫開港問題で四侯会議を乗りきった徳川慶喜は、幕権《ばっけん》強化に全力をあげた。幕府軍を撃退した長州藩が、討幕に向けた政治的・軍事的対決を強めてくることは明らかであった。諸侯会議路線が否定された薩摩藩も軍事的な姿勢を強めている。越前・土佐《とさ》・宇和島《うわじま》などの諸藩も幕府のあり方に批判的な姿勢をとるようになっていた。

一方の慶喜は、政権を放りだすことができない。徳川幕府の第十五代将軍に就任したことで、幕権強化の先頭に立つ宿命をおわされた。慶喜はその生まれからして将軍の候補と目され、周囲から期待されてきた。自身がそのプライドをもったことで、その期待から逃れることができず、剛直なまでにあゆむことを余儀なくされている。▲

そして慶喜は、幕府内で形成されてきたフランスと提携する幕権強化策に期待し、その進展を促進した。幕府はフランス公使ロッシュの助言を受けて、陸軍の強化と製鉄所の建設に着手している。陸軍は、一八六二(文久《ぶんきゅう》二)年十二月にそれまでの旗本《はたもと》や御家人《ごけにん》の軍役を改革し、家禄《かろく》の石高《こくだか》に応じて兵賦《へいふ》と称さ

▼**慶喜の側近**　慶喜は股肱《ここう》の側《そば》近にめぐまれなかった。一橋《ひとつばし》家側用人《ようにん》兼番頭中根長十郎《なかねちょうじゅうろう》、側用人番頭で家老《かろう》並となった平岡円四郎《ひらおかえんしろう》らは、「邪智佞奸《じゃちねいかん》」「獅子身中《しししんちゅう》の虫」と批判されて暗殺された。水戸《みと》藩士の原市之進(忠正《ただまさ》)は、股肱の謀臣として、小笠原長行の率兵上京や鷹司《たかつかさ》関白の懐柔などに尽力し、慶喜の将軍就任、兵庫開港に奔走したが、「栄達」が反発を受けて暗殺されている(『徳川慶喜公伝』)。

れた壮丁《そうてい》を供出させ、歩兵組を組織していた。一八六六(慶応二)年八月は、銃《じゅう》卒《そつ》を差しださせて組合銃隊を編成。翌年正月には石高割で金をださせ、幕府が兵賦を直に雇い入れている。この慶応の幕政改革の推進については、慶喜は人材登用、軍事力強化、外交の信義など八カ条の改革綱領を示していた。そして老中格の陸軍総裁と若年寄《わかどしより》の陸軍奉行《ぶぎょう》を設置し、陸軍奉行並《なみ》を実務の元締めとしている。さらにシャノワン大尉などの軍事顧問団のもとで、歩兵・砲兵・騎兵の三兵のフランス式訓練を推進したのであった。

また、海軍については、ロッシュの推薦でフランス人技師ヴェルニーが来日。最初の本格的な造船所となる横須賀《よこすか》製鉄所の建設を開始していた。フランスとの提携を重視した慶喜は、異母弟の昭武《あきたけ》▲を慶喜の名代《みょうだい》としてパリ万国博覧会に派遣している。そして、オランダに留学した榎本武揚《えのもとたけあき》らは、幕府の注文した開《かい》陽丸《ようまる》とともに一八六七(慶応三)年三月に帰国し、強力な幕府海軍を編成した。

さらには、慶喜は政治機構の強化にも取り組んだ。一八六七年二月のロッシュの助言を受け、中央集権国家体制に向けた改革に着手している。そこでは、国内事務・会計・外国事務および陸軍・海軍の五局制を設け、老中ないし老中

▼徳川昭武　一八五三〜一九一〇年。徳川慶喜の弟で、幼名余八《よはち》麿《まろ》。一八六六(慶応二)年に清水《しみず》家を相続し、翌年正月にパリ万国博覧会参列のためにフランスに向かった。ヨーロッパ各国を歴訪し、一八六八(明治元)年十一月に帰国して水戸徳川家を継いだ。

▼板倉勝静　一八二三〜八九年。備中松山《びっちゅうまつやま》五万石の当主。一八六二(文久二)年三月に老中となって外交事務を主管。将軍家茂の死後、一橋慶喜の宗家相続と将軍職就任に尽力した。一八六七(慶応三)年十月の大政奉還、十二月の王政復古に際しては、慶喜を補佐した。鳥羽《とば》・伏見《ふしみ》の戦い後に慶喜とともに大坂城を脱して東帰。老中を辞して日光《にっこう》で恭順したが、会津に逃れて箱館《はこだて》に移り、その後、東京に戻って新政府に出頭した。

格を各部の専任総裁とした。部局をもたない総裁であるいわゆる首相には、慶喜の腹心の板倉勝静《かつきよ》▲を任じている。大目付の永井尚志▲などを、譜代大名《ふだいだいみょう》が任じられていた若年寄に準じた若年寄格に抜擢した。実務能力をもった小栗忠順《おぐりただまさ》▲・栗本鋤雲《くりもとじょうん》などの親仏派官僚が形成されている。

もっとも、陸海軍の強化は慶喜の将軍職就任以前から着手され、その強化と集権体制の確立には、なお時間が必要とされていた。とくに海軍の強化には造船所の建設、技術者の育成が欠かせない。政治機構の刷新と人材養成は、一朝一夕に達成できるものではない。第二次長州征討以後、幕府はそのための時間が不可欠となっていたのである。

大政奉還の決断

第二次長州征討における幕府の敗北が明確になると、その後の政治構想をめぐって、あらたな動きが顕在化した。とくに薩摩藩は、一八六七(慶応三)年五月の兵庫開港・長州処分問題をめぐる四侯会議で、同藩が企図してきた諸侯会議構想の方向が否定されたことから、その後は島津久光が幕府批判の姿勢を強

▼**永井尚志**　一八一六〜九一年。通称は玄蕃頭《げんばのかみ》・主水正《もんどのかみ》。老中阿部《あべ》正弘《まさひろ》に抜擢され、一八五三(嘉永《かえい》六)年に目付に任じられ、長崎海軍伝習所の監理、勘定《かんじょう》奉行・外国奉行などを歴任した。慶喜のもとで若年寄に登用されたが、鳥羽・伏見の戦い後に免職となり、榎本軍に参加して、箱館で降伏した。一八七二(明治五)年の赦免後に開拓使《かいたくし》御用掛、元老院《げんろういん》権大書記官などに任じられた。

▼**小栗忠順**　一八二七〜六八年。諱は忠順、通称は豊後守《ぶんごのかみ》・上野《こうずけの》介《すけ》。一八五九(安政《あんせい》六)年に目付に任じられ、翌年に日米修好通商条約批准書交換の使節として渡米した。一八六二(文久二)年に勘定奉行になり、困難な幕府財政の運営を担当。横須賀製鉄所建設や洋式軍隊の創設に尽力。慶喜の東帰後も抗戦を主張し、新政府の東山道《とうさんどう》先鋒総督府軍に処刑された。

めている。同藩の西郷隆盛《さいごうたかもり》や大久保利通は、前年正月の薩長盟約後、王政復古に向けて積極的に活動していた岩倉具視と連携するようになった。そして土佐藩でも板垣《いたがき》(乾《いぬい》)退助《たいすけ》らが討幕の動きを強めている。板垣らの討幕派は一八六七年五月に、薩摩藩とのあいだで挙兵討幕の密約を結んでいた。長州藩の木戸《きど》孝《たか》允《よし》は、「慶喜の胆略▲」があなどれないとし、そのときの形勢によって、「砲撃芝居」が必要になると判断するようになっている。九月には薩摩藩の大久保らが山口にはいり、長州藩側は木戸や広沢真臣《ひろさわまおみ》らが中心となって討幕に向けた出兵盟約を締結していた。薩摩・長州両藩の盟約には、その後に芸州《げいしゅう》藩が加わり、三藩が出兵を約するようになったのであった。

　このような討幕に向けた動きが深まるなかで、土佐藩の後藤象二郎《ごとうしょうじろう》らが十月三日、大政奉還建白書《たいせいほうかんけんぱくしょ》を老中板倉勝静へ提出した。この大政奉還の建白については、よく知られているように坂本龍馬《さかもとりょうま》が後藤象二郎に示した船中八策《せんちゅうはっさく》の影響が大きい。船中八策には、「政権」を朝廷に奉還、上下議政局《ぎせいきょく》の議会による「公議」などが構想されている。土佐藩側はこの八策を基礎として、六月段階で大政奉還論を固め、同月二十二日に薩土《さつど》盟約▲を結んでいた。

▼**慶喜の胆略**　徳川慶喜に敵対した岩倉具視は、徳川慶喜について、「果断《かだん》・勇決《ゆうけつ》、志小ならず、軽視すべからざる勁敵《けいてき》なりと」記し、坂本龍馬も慶喜の奮発が「平生に異なれること多く、決して油断ならず」と書いた。木戸孝允も、「関東の政令一新し、兵馬の制亦《また》頗《すこぶ》る見るべきものあり、一橋の胆略決して侮るべからず」と語ったという(『徳川慶喜公伝』)。

▼**薩土盟約**　後藤象二郎は、討幕に否定的であった山内容堂の意を背景として、雄藩連合による公議政体論を掲げ、一八六七(慶応三)年六月に薩摩藩とのあいだで薩土盟約を結んだ。薩摩藩は土佐藩討幕派の板垣退助らと挙兵・討幕の盟約を結んでいたが、土佐藩側との提携を目的として薩土盟約に応じていた。

そして土佐藩は幕府側との折衝を重ね、十月三日に前藩主山内容堂が大政奉還を建白。▲その別紙では、天下の大政を議する全権が朝廷にあるとし、京都の議政所をその中心におくことを明記した。雄藩を基盤とした朝廷の議政所が制度・法則を定めていくとし、朝廷のもとでの公議政体《こうぎせいたい》構想を建白したのであった。

慶喜はこの土佐藩の大政奉還建白を受け入れ、十月十二日に大小目付や諸有《ゆう》司《し》を集め、政権奉還の書付を示している。翌日には二条城の大広間に一〇万石以上の諸藩重臣を集め、筆頭老中の板倉勝静が大政奉還上表《じょうひょう》の諮問案を廻覧・提示した。そこでは、「朝権一途」にしなければ、「綱紀」が立たないとし、従来の旧習を改めて政権を奉還することを記している。同日、意見のある者に対しては、別室で慶喜が面会した。薩摩藩の小松帯刀《こまつたてわき》▲、土佐藩の後藤象二郎らは、いずれも慶喜の大政奉還に賛成し、老中に対してただちに参内《さんだい》・奏聞《そうもん》するように求めたという。

この慶喜の大政奉還の上表が十月十四日にだされると、朝廷側の喜びは大きかった。討幕派に近い正親町三条《おおぎまちさんじょう》実愛《さねなる》すら、その日記に大政奉還を当今の美

▼大政奉還の建白　土佐藩の後藤象二郎は、同藩の建白書提出を薩摩・芸州両藩に伝えたが、西郷らは建白に同意できる段階でなくなった旨を答えている。後藤は一八六七(慶応三)年十月三日の大政奉還の建白に際して、事前に若年寄格永井尚志にあって趣旨を伝え、永井は板倉勝静らと協議して大政奉還の建白の受入れを内約していた。

▼小松帯刀と坂本龍馬　薩摩藩の小松帯刀(清廉《きよかど》)は、後藤が提起した薩土盟約に同意するなど、討幕に柔軟な姿勢であった。一方、坂本龍馬は大政奉還実現に強い決意をもっている。坂本は幕府が政権奉還を拒んだ場合には、薩摩・長州に応じて討幕に加わる姿勢を示していた。

事で、有志の輩《ともがら》は雀躍にたえないと書いている(『嵯峨実愛日記』二)。

また、この大政奉還は、朝廷内でひそかに進められていた討幕派の画策を後退させる意義をもった。薩摩藩の大久保・西郷らは、討幕派の岩倉具視らと連携。十月六日には中山忠能《なかやまただやす》の山荘で、公卿《くぎょう》の中山や正親町三条実愛・中御門経《なかみかどつね》之《ゆき》らを加えて、王政復古の具体的な準備に着手していた。九日には、薩摩・長州両藩に討幕の密勅《みっちょく》がくだされるように画策▲している。十月十三日には官位復旧の沙汰書《さたしょ》が長州藩にあたえられ、翌十四日には十三日付の討幕の密勅が薩摩藩に(次ページ上写真参照)、十四日付の密勅が長州藩に授けられていたのであった。

そして朝廷は十五日、慶喜の大政奉還上表を勅許した。同時に慶喜に対して、引き続いての同心・尽力を命じている。さらに国家の大事と外国の問題は衆議をつくすこととし、諸大名が参集するまで、徳川支配地や市中取締りなどは慶喜にこれまでどおり職務を行うように命じたのであった。

この大政奉還について、慶喜の真意はどのようであったのだろうか。慶喜は尊王の立場から政権返上の意をかねてから考え、早くから決意していたと晩年

▼**討幕派の画策**　討幕派は密勅を準備するとともに、岩倉具視と薩摩藩の大久保利通らが中山忠能の山荘に会し、岩倉が太政官《だじょうかん》の職制を提示し、有栖川《ありすがわ》宮熾仁親王《たるひとしんのう》を知太政官事《ちだじょうかんじ》、仁和寺《にんなじ》宮を征討大将軍とすることを提議した。玉《たま》松操《まつみさお》が錦旗《きんき》の図を示し、品川弥二《しながわやじ》郎《ろう》を通じて日月章の錦旗二旒《りゅう》、菊花章の紅白旗一〇旒の作成を決定している。

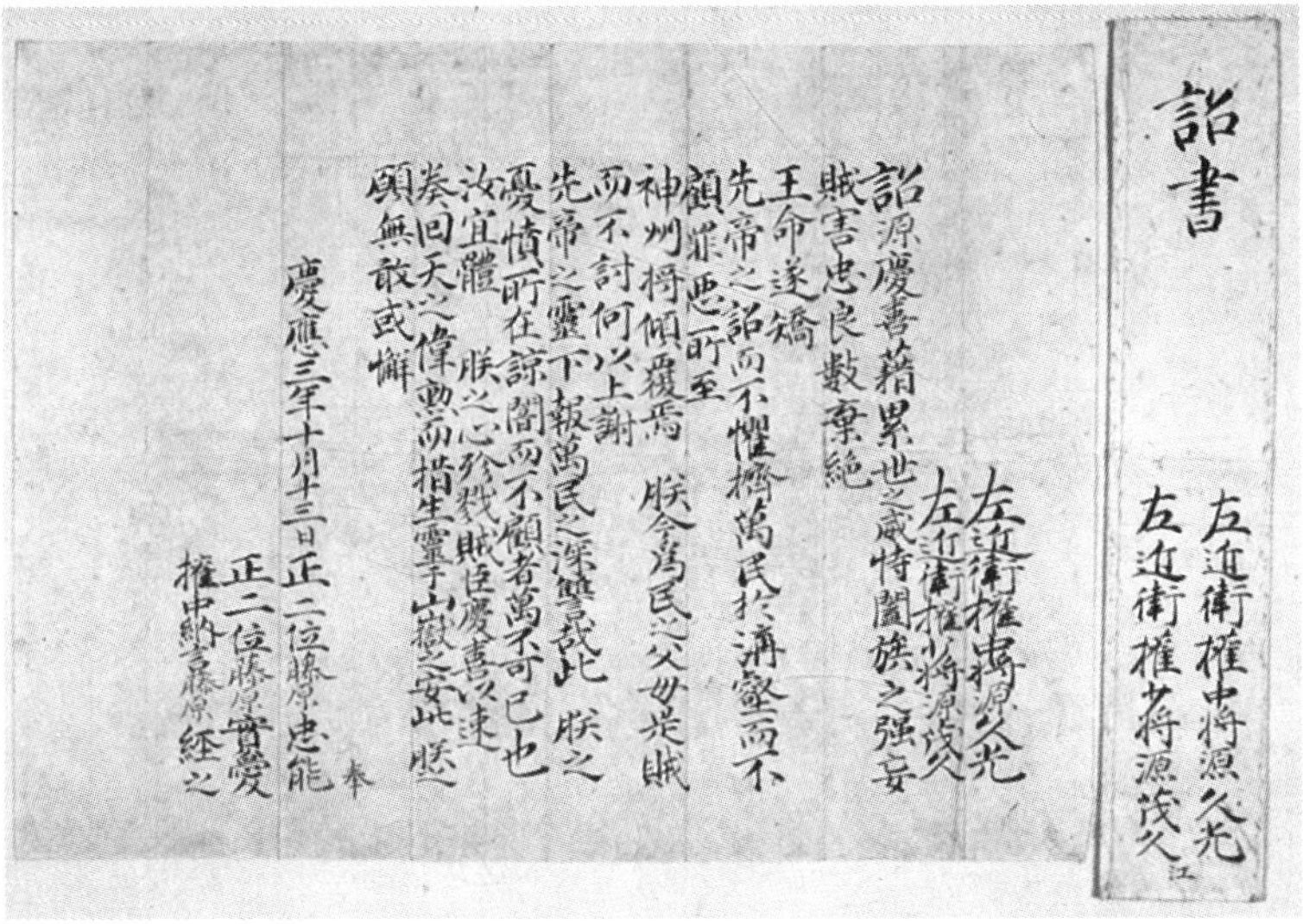
詔書
左近衛権中将源久光
左近衛権少将源茂久江

左近衛権中将源久光
左近衛権少将源茂久
詔源慶喜藉累世之威恃闔族之強妄
賊害忠良數棄絶
王命遂矯
先帝之詔而不懼擠萬民於溝壑而不
顧罪悪所至
神州將傾覆焉　朕今為民之父母是賊
而不討何以上謝
先帝之靈下報萬民之深讐哉此　朕之
憂憤所在諒闇而不顧者萬不可已也
汝宜體　朕之心殄戮賊臣慶喜以速
奏回天之偉勲而措生靈于山嶽之安此　朕之
願無敢或懈
慶應三年十月十三日　正二位藤原忠能　奉
正二位藤原實愛
権中納言藤原經之

討幕の密勅　1867(慶応３)年10月13日付で島津久光と茂久にだされた討幕の密勅。

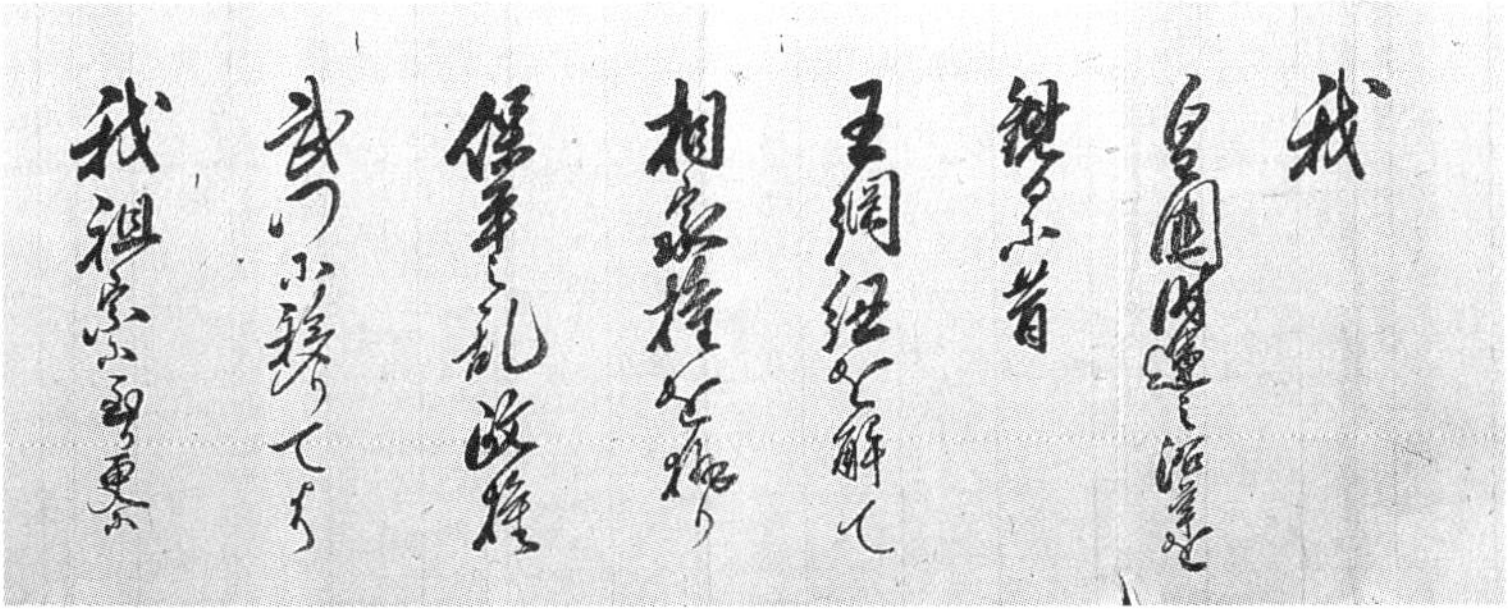
我
皇国時運之沿革を
観ニ昔
王綱紐を解て
相家権を執り
保平之乱政権
武門ニ移りてより
我祖宗ニ至り更ニ

大政奉還の上表　1867(慶応３)年10月14日に慶喜が提出した上表文の下書(部分)。

に語っている。また幕府の限界を感じていたとも説明した。そして土佐藩の建白については、上院《じょういん》・下院《かいん》の制を設けるとあるので、これはいかにもよい考えであると思ったと回想▲している（『昔夢会筆記』）。

もっとも、そのような慶喜の晩年の談話は、それが真意の一半であっても、すべてとはいえないようだ。まず土佐藩の建白については、同時期の長州・薩摩らの討幕運動の現実化のなかで、幕府側はそれを拒否するのがむずかしい状況にあったといえる。土佐藩の建白を否定することは、同藩および同様な立場の芸州藩や越前藩などを薩長側にまわす危険が大きい。政治的にも土佐藩の建白に応じることが必要であったと思われる。

しかし慶喜が政治の実権を返上しても、それにかわる政治組織・財政基盤が朝廷にあるわけではない。上表文は、朝廷が政治・外交の権限を実際に行使できるような具体策を明記していない。もともと慶喜自身は、王政復古について「公卿・堂上《とうしょう》の力にては事ゆかず」、諸大名とて同様と考えていたという。そして上表文では、政治の大権を返すと記しながらも、慶喜は見込みがあれば申し出るように諸侯へ「達し置き候《そうろう》」と記していた。慶喜は大政奉還後も「あくまで

▼慶喜の回想　慶喜は、王政復古については、公卿・堂上・諸大名が力不足とし、諸藩士がただちに大政を執行するのは事情が許さないので、天下の人材を集めて「百事公論」で決する以外にないと考えていたという。土佐藩から建白がだされたので、「政権奉還の好機会なり」と思ったと後年に語っている（『昔夢会筆記』）。

国家のために尽そうという精神であった」と語っている。

　慶喜はフランスのロッシュから幕政改革の助言を受けていたが、大政奉還と同時期、西周《にしあまね》▲からあらたな議会構想を聞かされていた。大政奉還後、朝廷は一〇万石以上の諸侯に上京を命じている。慶喜から将軍職辞表が提出されたあとについても、やはり朝廷は慶喜に対して、「諸侯上京之上」で「沙汰」するまでは従来どおりとするように命じていたのである。

　慶喜が幕府の限界を感じていたのはまちがいない。それにしても慶喜の晩年の回想をそのまま鵜呑《うの》みにするのはむずかしい。やはり慶喜は、朝廷のもとで諸侯の上に位置し、一定の権限を引き続き保持することを期待していたように思われる。

▼**西周**　一八二九〜九七年。津《つ》和野《わの》藩医に生まれる。幕府の蕃書《ばんしょ》調所《しらべしょ》教授手伝並となり、一八六三(文久三)年にオランダに留学し、ライデン大学で法律・政治制度を学んだ。帰国後、慶喜に対して、徳川家を主体とした政治構想を記した「議題草案」を呈した。

④—クーデターと江戸開城

王政復古のクーデター

徳川慶喜の一八六七(慶応《けいおう》三)年十月十四日の大政奉還《たいせいほうかん》は、奇しくも薩摩《さつま》・長《ちょう》州《しゅう》両藩が討幕《とうばく》の密勅《みっちょく》を手にいれた同じ日であった。大政奉還は、まさに討幕派の足もとをすくったことになる。二十一日には、中山忠能《なかやまただやす》のもとで討幕をしばらくみあわせる沙汰書《さたしょ》が作成されたが、薩摩・長州両藩は密勅を返還したわけではない。慶喜が本当に政治の実権を放棄したとは考えられないだけに、両藩は逆に武力討幕に全力を傾けるようになっている。

薩摩藩の討幕派は、そののちに大久保利通《おおくぼとしみち》・西郷隆盛《さいごうたかもり》らが帰藩し、藩内の慎重論をおさえ、藩兵の大挙出兵を求めた。長州の三田尻《みたじり》に先発した藩兵に加え、藩主島津忠義《しまづただよし》も大兵を率いて、十一月二十三日に京都の相国寺《しょうこくじ》にはいっている。長州藩側も兵力を出発させ、先発隊が二十九日に摂津《せっつ》打出《うちで》浜《はま》に上陸▲した。

大久保・西郷や長州藩の品川弥二郎《しながわやじろう》らは、岩倉具視《いわくらともみ》のもとで王政復古《おうせいふっこ》の断行に向けた政治的クーデターをひそかに画策した。摂政《せっしょう》以下の諸役を廃して、

▼**薩摩・長州両藩の出兵**　薩摩藩と長州藩は、薩摩が藩兵を三田尻へ送って長州藩兵に合流させることを計画した。しかし、薩摩藩側の出兵が遅れ、いったん中止。その後、島津忠義が率いる薩摩藩兵が三田尻に到着し、長州藩は芸州藩の協力を受けて、大洲《おおず》藩が警備する打出浜に藩兵を上陸させ、後続部隊を尾道《おのみち》に送った。

有栖川宮熾仁親王《ありすがわのみやたるひとしんのう》を総裁とし、諸侯《しょこう》・公卿《くぎょう》の議定《ぎじょう》、諸藩士などを参与《さんよ》とする新政権の樹立である。慶喜に対しては、官位《かんい》一等をさげ、領地の返還を命じることを企図した。大号令《だいごうれい》の渙発は十二月八日を予定。芸州《げいしゅう》藩に加えて、土《と》佐《さ》・尾張《おわり》・越前《えちぜん》の三藩に協力を求めることとし、大久保がその計画を土佐藩の後藤象二郎《ごとうしょうじろう》に伝えた。後藤は、上京中の山内容堂《やまうちようどう》の到着を待つことを理由に延期を要請し、結果は断行が九日に決まった。八日には、岩倉の屋敷に薩摩・土佐・尾張・越前の四藩士が会し、藩主の参内《さんだい》と藩兵の動員が約され、芸州藩へも伝えられている。

かくして十二月八日の夕刻、御所《ごしょ》に摂政二条斉敬《にじょうなりゆき》をはじめ議奏《ぎそう》・武家伝《ぶけてん》奏《そう》・国事掛《こくじがかり》や徳川慶勝《よしかつ》・松平春嶽《まつだいらしゅんがく》・浅野茂勲《あさのもちこと》らが参内し、長州藩の赦免《しゃめん》などをめぐる朝議《ちょうぎ》が開かれた。同会議は、翌九日の払暁《ふつぎょう》に毛利敬親《もうりたかちか》父子や処分を受けていた公卿の赦免、官位復旧と入京許可などを決定。ついで旧幕府《ばくふ》側の二条摂政らが退席した直後、蟄居《ちっきょ》を免じられた岩倉が参朝《さんちょう》し、クーデターが断行された。薩摩・芸州・越前・尾張などの藩兵が御所を封鎖。岩倉らが王政復古の断行を奏上《そうじょう》し、討幕派およびそれに協力的な有栖川宮熾仁親王・仁和寺宮嘉彰《にんなじのみやよしあき》親王などが参朝した。天皇が学問所に出御《しゅつぎょ》し、親王・諸侯を前に大号令が諭告《ゆこく》され、新政権の発足が宣言されたのである。

この王政復古の大号令では、大政返上と慶喜の辞表が認められ、「神武《じんむ》創業」に戻ることが強調された。摂政・関白《かんぱく》と幕府の廃止を宣言。あらたに有栖川宮熾仁親王を総裁とし、議定・参与を三職《さんしょく》とする新政権設置が公表され、「至当の公議《こうぎ》」を掲げた政治姿勢が示された▲。

ところで、この王政復古の大号令渙発の計画は、事前に二条城《にじょう》にいた慶喜にひそかに伝えられていた。クーデターへの参加を呼びかけられた後藤象二郎が、越前藩の松平春嶽にその計画を話し、春嶽の命を受けた中根雪江《なかねせっこう》が、十二月六日に二条城の慶喜に伝えたのであった。しかし、慶喜はそれに具体的な対応策をとっていない。

慶喜は、すでに大政奉還で政治の権限を朝廷に返上した立場として、みずからの積極的な軍事行動を躊躇《ちゅうちょ》▲せざるをえない。京都守護職《しゅごしょく》であった会津《あいづ》藩の松平容保《かたもり》は、慶喜について、才能に優れ、頭の回転が速すぎて先を見越してしまうと評している。先を見越したかどうかむずかしいところだが、クーデターに

▼新政権の構成　王政復古の大号令では、議奏・武家伝奏・守護職・所司代《しょしだい》も廃された。有栖川宮総裁のもとのあらたな議定には、山階宮《やましなのみや》や仁和寺宮の皇族、中山忠能・正親町三条実愛《おおぎまちさんじょうさねなる》・中御門《なかみかど》経之《つねゆき》らの討幕派公卿、徳川慶勝・松平春嶽・島津久光《ひさみつ》・浅野茂勲・山内容堂らの諸侯、参与には岩倉具視・大原重徳らの公家《くげ》、さらにクーデターに参加した五藩から藩士各三人が任じられた。

▼慶喜の自重　中根雪江は松平春嶽の書状を持参し、徳川側の恭順をうながしている。慶喜は板倉勝静に対して、「何事も朝命《ちょうめい》の儘《まま》に服従」することを命じたという。

は討幕派だけでなく、土佐・尾張・越前などの公議《こうぎ》政体《せいたい》派が加わっている。それを考えると、ここはへたに動かないほうがよいと判断したのだろう。慶喜は全国の四分の一の所領をもち、外交権も維持しているのであるから、その力が簡単に無視されることはないと判断したように思われる。

かくして、発足した新政権では、九日の夜に天皇が小御所《こごしょ》に出御して最初の会議が開かれた。しかし、中山忠能が司会役となった会議は、討幕派の大原重《おおはらしげ》徳《とみ》らが慶喜を批判し、政権返上の実績を示すように求め、激論となった。そこでは、よく知られているように土佐藩の議定山内容堂が、王政復古の断行を「幼冲《ようちゅう》の天子《てんし》」を擁して「権柄《けんぺい》」を奪ったと発言。新政権のあり方を批判した。これに対して岩倉は、容堂の発言を叱責。岩倉と大久保が慶喜の罪を掲げ、辞官《じかん》納地《のうち》を行うことの先決を主張している。また、後藤は公明正大な処置と慶喜を会議に参加させるように求めた。慶勝・茂勲らは容堂に同意し、議論がまとまらないままに休憩にはいっている。休憩後の会議は、討幕派側が力の行使の決意をも示したことで、容堂・春嶽とも抵抗をやめた。最後は慶喜に辞官納地を▲命じることが決まったのであった。

▼**辞官納地の決議**　紛糾した小御所会議では、休憩の際、薩摩藩参与岩下《いわした》左次右衛門《さじえもん》が西郷の意見を求め、西郷が「短刀一本で片付く」と語ったという。岩倉が芸州藩主浅野茂勲にその決意を打ち明け、同藩の辻《つじ》将曹が後藤を説得し、山内容堂・松平春嶽らが妥協せざるえなくなったのである。

大坂落城

十二月九日の小御所会議では、徳川慶勝と松平春嶽がその結果を徳川慶喜に伝え、慶喜より辞官納地を内願させることになった。翌十日、二条城へ出向いた春嶽と慶勝に対しては、徹底抗戦派の幕兵《ばくへい》から怒号《どごう》が飛んだ。両者は、なんとか官一等の辞官と幕領の半分二〇〇万石《ごく》の納地を奏請《そうせい》するように慶喜へ伝えている。これに対して慶喜は、幕領が四〇〇万石であっても、実収が二〇〇万石にすぎないと弁明。ともあれ老中《ろうじゅう》に「申聞《もうしきか》」すべき旨を答えている。

その慶喜は十二日夜、二条城をでて大坂に向かった。▲ 辞官納地をめぐる具体的な議論がまとまらない段階で、新政府側とのあいだで不測の事態になることを避けたのである。

大坂城にはいった慶喜は、外国公使側から京都での政変と慶喜の企図に関する会見を求められた。慶喜はフランス公使ロッシュとイギリス公使パークスに対して、天皇は名目上の統治者にすぎず、京都は仲間喧嘩に終始して、政治を顧みない連中ばかりであると説明している。▲ そして十二月十六日には、正式にイギリス・フランスなど六カ国の外交団を大坂城に招いて会見。そこで慶喜は

▼**慶喜の挽回策**　慶喜は、山内容堂らの公議政体派の挽回策に期待した。対外的な承認を急ごうとした討幕派側の施策に対しては、容堂・春嶽らがその企図を却下している。慶喜も、財政的危機に直面していた岩倉からの要請に応じて、勘定《かんじょう》奉行の資金を新政府側に提供していた。

▼**外国公使に接見**　アーネスト＝サトーは、二条城から大坂にくだった慶喜を「顔はやつれて物悲しげであった」と評した。サトーは慶喜が大坂城で各国公使団に支持を訴えた努力を評価したが、一方でイギリスは薩摩藩などの討幕派に外交面の助言をあたえるようになっている。

▼**奏請案と岩倉具視**　岩倉は一八六八(慶応四)年正月元日、慶喜が上京したあとに議定に任じることを内約し、用途の高割にも妥協的な姿勢を示していた。

外国公使団と慶喜の会見を報じる新聞記事(『イラストレイテッドロンドンニュース』一八六七年八月十日付)　大坂城における外国公使団と慶喜の会見は、海外の挿し絵入りの新聞に肖像画とともに報道された。

外国側が日本国内の問題を心配する必要はなく、政府の形が定まるまで、外国事務の執行は自分の任務であると表明している。そして各国公使の列をまわり、各公使に言葉をかけた。イギリス公使に対しては、親善関係の継続と海軍の育成に対する援助とを希望すると語ったという。

一方、京都では岩倉具視と松平春嶽らが、慶喜の辞官納地問題の実現に向けて奔走していた。そして、納地については、「政府御用途」を、天下の公論によって「所領より差出《さしだ》」したいという慶喜の奏請案▲を作成している。奏請案は、中根雪江から二条城にとどまっていた永井尚志《ながいなおゆき》に示され、再修正したうえで雪江が大坂城へ持参した。しかし、老中板倉勝静《いたくらかつきよ》らの請書《うけしょ》案は、「辞官の儀」は朝廷の御沙汰次第とし、「政府御用途の儀」は、天下の公論によって、諸藩も含めた全国の高割《たかわり》での提供を決定するように求めていた。

これに対して、新政府の三職会議では、「政権返上」にともなう「領地返上」の実効が慶喜に求められた。数次の往復ののち、新政府の「御政務御用度《ごようど》」を徳川の領地を取り調べたうえで天下の公論をもって「御確定」することを命じている。それを、春嶽が大坂城へ持参すると慶喜は奏請案に同意。それでも、慶喜

二条城本丸仮御殿

幕末の大坂城(本丸東側諸櫓)

幕末江戸城の上梅林門と二ノ丸喰違門

は別紙に徳川だけではない「皇国《こうこく》高割」で提出するのでなければ、鎮撫《ちんぶ》が行き届かないと書いた。この別紙は伏せられたようだが、会津・桑名《くわな》両藩を帰国させ、慶喜が上京することで議定職に補されることとなっている。

しかし、このような対峙が続くなか、旧幕府側は大坂に撤退した兵力を、伏《ふし》見《み》・淀《よど》近辺に派遣するようになった。▲旧幕府側は、慶喜の名をもって「挙正退奸」の上表《じょうひょう》を作成。大目付《おおめつけ》の戸川安愛《とがわやすなる》が、山陵奉行《さんりょうぶぎょう》の戸田忠至《とだただゆき》を通じて有栖川宮総裁へ提出をはかった。それを危惧《きぐ》した戸田からひそかに知らされた岩倉は、上表の提出を押し止めている。

大坂城内の主戦論は沸騰し、慶喜は板倉から、激昂した将士が「上様《うえさま》を刺し奉《たてまつ》り」ても脱走しかねない勢いであると聞かされた。そのうえ、江戸《えど》での薩摩藩側の攪乱《かくらん》工作▲に対する同藩邸焼討ちが報じられると、大坂城では武力行使をとめられなくなっている。慶喜は「剛情公《ごうじょうこう》」と評されても、骨太の武人であったわけではない。大坂城では感冒で寝衣のままが多かったようだ。慶喜は如何《いか》ようとも勝手にせよと言い放ったという。薩摩藩側を糾弾した奏聞書《そうもんしょ》に慶喜も署名し、五カ条の「討薩の表」が掲げられた。

▼旧幕府兵力の集結　王政復古のクーデター直後、幕府側は留守老中が伝習砲兵二座・騎兵三小隊・歩兵二大隊を上坂《じょうはん》させた。老中板倉勝静も「御当家の安危此時《あんきこのとき》に極まり」として、兵隊・軍艦の可能な分を「海路より速《すみやか》に上坂あるべし」と命じている。

▼薩摩藩の画策　薩摩藩の三田藩邸には相楽総三《さがらそうぞう》を中心とした浪《ろう》士《し》が割拠し、攪乱工作を行った。一八六七(慶応三)年十一月には竹《たけ》内啓《うちひらく》らが下野《しもつけ》の大平山《おおひらやま》・出流山《いずるさん》で蜂起した。十二月には上田修理《うえだしゅり》らが甲府をめざし、鯉淵四郎《こいぶちしろう》らが相模《さがみ》の荻野山中陣屋《おぎのやまなかじんや》を襲撃した。さらに江戸城二の丸の炎上や江戸警備を担当する庄内《しょうない》藩屯所《とんしょ》への発砲事件が続き、幕府側は二十四日に三田藩邸を包囲・攻撃した。

しかし、北上を開始した旧幕府軍は、一八六八(慶応四)年正月三日に鳥羽《とば》と伏見で新政府側の薩摩・長州軍に阻止された。押問答の最中に鳥羽街道の先頭が薩摩藩側から攻撃され、戦闘に突入している。背水の陣で臨んだ薩摩・長州軍が先制攻撃を行い、戦いを有利に進めた。旧幕府軍側は総兵力一万五〇〇〇人と称されたが、四日に嘉彰親王が征討将軍に任じられ、その出師《すいし》がわかると、淀城も撤退する旧幕府軍の収容を拒んでいる。山崎《やまざき》の関門《かんもん》警備の津《つ》藩も新政府側に寝返った。▲

慶喜は開戦の事態を「終生の遺憾」とするが、どうにもならない。風邪で伏せっていた慶喜は、六日にいたって板倉と永井に対して、「事敗れぬる上は、東帰して更に請ずべき手段もあらん」と伝えている。二人は慶喜の言葉を、「東帰」して再挙することと信じて同意した。慶喜は、出馬を求める大坂城の将士に向かって、自身が出陣する旨を表明して準備を命じている。そして、直後に会津藩の松平容保や桑名藩の松平定敬《さだあき》らをともなって大坂城を逃れた。

慶喜は征討将軍として嘉彰親王が派遣されたことを知って意気消沈し、東帰を考えたようだ。大坂城に置き去りにされた旧幕府側の将兵にとっては、慶喜

▼戦争の行方　徳川方は薩摩藩の排除を掲げたが、長州藩が伏見を守り、土佐藩兵の一部も新政府側に加わっていた。徳川方の軍配書では、鳥羽・伏見の両街道だけでなく、大津《おおつ》方面や竹田《たけだ》街道、さらには二条城や会津藩拠点の大仏《だいぶつ》からの攻撃も企図したが、結果は鳥羽・伏見が主戦場となっている。新政府側では、正月四日に仁和寺宮嘉彰征討大将軍が出陣し、五日夜に四条隆平《しじょうたかとし》勅使《ちょくし》が山崎の関門に派遣され、同関門の津藩兵が旧幕府側を砲撃するようになった。

の逃亡はまさに「天魔《てんま》の所為《しょい》」であったといえる。慶喜一行は大坂湾にでて停泊中のアメリカ船に収容され、夜明けになって榎本《えのもと》艦隊の軍艦開陽丸《かいようまる》に移っている。大坂城にでかけた船将榎本武揚《たけあき》の帰りを待たずに出港させ、江戸に逃げ帰ったのであった。

抗戦か恭順か

徳川慶喜の乗船した開陽丸は、悪天候で八丈島《はちじょうじま》まで流され、一八六八（慶応四）年正月十一日にようやく品川《しながわ》沖にはいった。慶喜は船中で板倉勝静に対して、江戸帰着後に恭順《きょうじゅん》謹慎する決心を伝えたようだ。十二日の朝に浜御殿《はまごてん》に上陸した慶喜は、少数の側近と江戸城の西丸《にしのまる》に向かった。京都で将軍職に就いた慶喜は、将軍として江戸城に座すことはなかった。王政復古後の敗軍の将としてはじめて帰城したのである。

その江戸城で、慶喜は最初に静寛院宮《せいかんいんのみや》（和宮《かずのみや》）の侍女に東帰の事情を上言したが、宮は面会していない。次に慶喜は、家定《いえさだ》の御台所《みだいどころ》であった天璋院《てんしょういん》に面会を求め、対面して東帰の顚末を説明した。将軍不在の江戸城内をなんとかとりまとめてきたのは、天璋院であったといってよい。その天璋院にとって、大坂から逃げ帰ってきた慶喜は、なんとも不甲斐ない。天璋院はかつて慶喜の将軍擁立に苦心した。若い家茂の将軍就任後はそれを支え、家茂の死後は慶喜の尽力に期待してきた。そのような思いが交叉するなかで、ともあれ徳川家を維持するために慶喜を放りだすことができない。不甲斐ない慶喜であっても、徳川家の維持に向けた最後の尽力▲が不可欠であった。慶喜はこの天璋院を通じて、十五日に静寛院宮との面会がやっとかなう。

天璋院は薩摩の出身、そして静寛院宮は明治天皇の叔母。慶喜の真意は、東帰の説明だけでなく、その力を利用することにあった。慶喜は静寛院宮に宛てた周旋を求める歎願書を作成。静寛院宮の侍女の土御門藤子《つちみかどふじこ》が宮の徳川家救済の歎願書とあわせて、宮の外戚《がいせき》の橋本実麗《はしもとさねあきら》のもとに向かっている。

この時期、慶喜の心境については、複雑である。大坂城を脱出したことは、慶喜が徳川方の勝利が覚束ないことを知って、同地での抵抗を放棄したことにほかならない。旧幕府軍の主力を置き去りにして逃げ帰った慶喜が、ふたたび軍事力を掌握し、簡単に復活できると甘く考えていたわけでもないであろう。

▼**最後の尽力**　天璋院は静寛院宮を説得して、徳川家存続の歎願に尽力した。みずからも薩摩藩隊長宛の歎願書を作成して、側近の幾島《いくしま》を西郷隆盛のもとに送ったが、慶喜については、どのような処分もいたしかたないと、厳しい姿勢を示している。

開陽丸の船中で板倉に示した恭順の思いに傾いていたことはまちがいない。

それにしても、江戸に東帰したあと、フランス公使ロッシュから再挙▲をうながされた。さらに江戸城内で旧幕臣《ばくしん》の徹底抗戦論が沸騰している。恭順とはいえ慶喜の気持ちも逡巡し、西日本諸藩の動向によっては、挽回をも考えたかもしれない。

しかし、新政権は、正月四日に仁和寺宮嘉彰親王を征討大将軍に任じたのに続き、諸道に鎮撫使《ちんぶし》を派遣した。その後、二月三日には天皇親征《しんせい》の詔《みことのり》がだされている。九日には有栖川宮熾仁親王が東征大総督《だいそうとく》に任じられた。東海《とうかい》・東《とう》山《さん》・北陸の鎮撫使を先鋒総督兼鎮撫使に改め、三道から江戸に進撃させている。西日本の紀伊《きい》・尾張両藩や譜代《ふだい》藩が雪崩をうって新政府側に恭順する事態となり、慶喜の心中に残っていた抵抗の意識は急速に後退したようだ。

慶喜は、自身に向けた「追討令」がだされると、正月十七日に松平春嶽や山内容堂に向けて、積年の「微誠《びせい》」を察したうえでの周旋を依頼▲している。慶喜は勝義邦《よしくに》(海舟《かいしゅう》)を海軍奉行並《なみ》に登用し、正月二十三日には陸軍総裁に任じていた。同日には大久保忠寛《ただひろ》(一翁《いちおう》)▲を会計総裁、二月八日に若年寄《わかどしより》に任じている。老中

▼**フランス公使の再挙論**　慶喜が江戸に東帰すると、フランス公使館書記官カションや熱海《あたみ》に滞在していたレオン＝ロッシュ公使が慶喜に謁し、再挙を勧めて軍艦・武器類の援助を申し出た。

▼**周旋の依頼**　松平春嶽は、慶喜から戦争になったことの弁明、継嗣を選んで隠退する旨の書状が送られてきたことから、恭順に「一意謝罪」が必要なことを返信した。慶喜は二月五日、謹慎して「朝裁」をあおぐとし、改めて春嶽からの「奏聞」を依頼している。

▼**大久保忠寛**　一八一七～八八年。老中阿部正弘《あべまさひろ》に登用され、井《い》伊《い》直弼《なおすけ》に左遷されたが、その後、蕃書調所《ばんしょしらべしょ》頭取、外国奉行、大目付を歴任。松平春嶽と交わり、大政奉還を主張。会計総裁、若年寄に任じられ、勝義邦とともに徳川家存続に尽力した。のちに静岡藩権大参事《ごんだいさんじ》、静岡県参事、東京府知事、元老院《げんろういん》議官などを歴任した。

は正月二十九日の板倉勝静を最初として、小笠原長行《おがさわらながみち》・稲葉正邦《いなばまさくに》らを辞職させ、旧幕府の組織を小規模な徳川家の家政《かせい》主体に改めた。二月にはいると新政権から朝敵《ちょうてき》とされた永井尚志・松平容保らの登城を禁じて謹慎を命じている。春嶽から一途に謝罪する必要があることを報じられ、慶喜は恭順策に徹するようになった。そして二月十二日には、徳川(田安《たやす》)慶頼《よしより》▲と前津山《つやま》藩主松平確堂《かくどう》に後事を託し、若年寄の平岡道弘《ひらおかみちひろ》や浅野氏祐《あさのうじすけ》などを従えて、上野《うえの》の大慈院《だいじいん》へ退去したのであった。

江戸開城と水戸隠退

徳川慶喜は上野に退去するとともに、徳川慶勝・松平春嶽らに重ねて救解《きゅうかい》の書を送った。また、上野の輪王寺宮公現《りんのうじのみやこうげん》親王に対しても尽力を要請し、輪王寺宮自身が大総督府へ歎願▲を行っている。しかし、歎願の窓口とされた大総督府の姿勢は厳しい。京都にはいった静寛院宮の侍女土御門藤子に対して、条理が明白になって謝罪が認められた際に徳川家存続という内意▲が示されたのが、わずかな光明という程度であった。

▼徳川(田安)慶頼　一八二八〜七六年。徳川斉匡《なりまさ》の子で田安家を継ぎ、一八五八(安政《あんせい》五)年に将軍家茂の後見職《こうけんしょく》となった。のちに徳川家に戻り、慶喜が大慈院にはいった際に後事を託され、四月四日に勅使を江戸城に迎えた。大総督府から江戸鎮撫取締を命じられ、五月二十四日に徳川亀之助の名代《みょうだい》として七〇万石をあたえられる朝旨を拝した。

▼輪王寺宮の歎願　上野の輪王寺宮公現親王は、静寛院宮や徳川慶篤・慶頼・慶喜の依頼を受けて駿府に赴いた。有栖川宮東征大総督に江戸進撃の猶予を願ったが、慶喜の謝罪の実効を求められた。

▼土御門藤子への内意　土御門藤子は、静寛院宮の生母の実家である橋本実麗・実梁父子に宛てた書状と慶喜の歎願書を持参した。東海道鎮撫総督の実梁から朝廷への歎願を指示されて議定長谷信篤《ながたにのぶあつ》に面会し、岩倉の内意が示された。

そのような慶喜は、直属精鋭隊の高橋精一《たかはしせいいち》（泥舟《でいしゅう》）にも歎願活動を命じていた。高橋は、義弟の山岡鉄太郎《やまおかてつたろう》（鉄舟《てっしゅう》）▲を慶喜に推挙している。山岡は慶喜から歎願の意図を聞かされ、勝義邦（海舟）▲に面会し、歎願活動の同意をえた。勝からは、薩摩藩邸焼討事件で捕縛されていた同藩士益満休之助《ますみつきゅうのすけ》の同行を許され、駿府《すんぷ》の大総督府で三月九日に参謀《さんぼう》西郷隆盛に面会していた。西郷は山岡の持参した勝の歎願書を一読し、大総督宮に稟議《りんぎ》のうえで、山岡に謝罪の七カ条を示している。慶喜を謹慎として備前《びぜん》藩へ御預《おあずけ》、江戸城を明け渡し、すべての軍艦と一切の武器の提出などである。駿府の大総督府では、三月六日に江戸城総攻撃を十五日に行うことを決定し、徳川処分の「別秘事」▲を決めており、西郷の回答はそれにそった内容であった。そして西郷は江戸に急行して、十三日に高輪《たかなわ》の薩摩藩邸で勝と大久保忠寛にあっている。

勝義邦の晩年の『氷川清話《ひかわせいわ》』によれば、この会談は、西郷が勝のいうことをすべて信用し、一点の疑念も挟まなかったという。そして、いろいろむずかしい議論もあるが、西郷が一身にかけて引き受けると語ったと記されている。しかし、実際はそんな簡単なものではなかった。

▼**山岡鉄太郎**　一八三六〜八八年。諱《いみな》は高歩《たかゆき》、雅号は鉄舟。幕府の浪士取締役に任じられ、一八六八（明治元）年に精鋭隊頭《かしら》となった。東征軍の東下に対しては駿府に出張して江戸開城の交渉に尽力。翌年九月に静岡藩権大参事、のちに茨城県参事、侍従、宮内大丞《くないだいじょう》、同少輔《しょうゆう》などを歴任した。

▼**勝義邦の尽力**　勝義邦（海舟）は、当初は和戦両様の建言を行ったが、その後に旧幕府歩兵の解体を進め、近藤勇《こんどういさみ》らの甲陽《こうよう》鎮撫隊を甲府へ派遣するなど、主戦論者を江戸市中から遠ざけ、政治的決着を優先した。山岡鉄太郎に薩摩藩士益満休之助を同行させ、西郷に宛てた勝の書状を持参させた。

▼**「別秘事」**　徳川処分については、新政府内で二月下旬に「徳川氏処分に関する意見書」が出され、大総督府はそれを受けて降伏条件など「別秘事」を作成していた（原口清「江戸明渡しの一考察」）。

勝は大久保忠寛とともに西郷に面会した際、「徳川家裁許七ケ条並ニ伺《うかがい》書」を提示したようだ。それは、山岡が西郷から示された謝罪の七条件に対する旧幕府側の修正案である。そして翌十四日の会談では、勝は徳川方有司《ゆうし》の歎願書を西郷に提出した。西郷は翌日に迫った江戸城総攻撃を中止するとともに、みずからは駿府の大総督府に戻り、さらに京都に向かっている。そして二十日に新政府の決定を大総督府へ復命した。四月四日には東海道先鋒総督橋本実梁《さねやな》が勅使《ちょくし》として江戸城にはいり、徳川処分の勅命《ちょくめい》を徳川（田安）慶頼に伝えたのであった。そこでは、降伏条件の実行が行われた場合に寛典に処し、徳川の家名《かめい》を立て、慶喜の死罪を宥免《ゆうめん》するとして、水戸《みと》で謹慎することとされていた。江戸城の尾張藩への引渡し、相当数を差し返すとしながらも軍艦・銃砲の引渡しなどが命じられている。

江戸開城《かいじょう》は四月十一日。東海道先鋒総督参謀の海江田《かえだ》武次《たけつぐ》（信義《のぶよし》）らの新政府側が入城した。慶喜は午前三時、大慈院をあとにして水戸に向かった。随従は側近の若年寄浅野氏祐や大目付梅沢孫太郎《うめざわまごたろう》▲。そして高橋精一らの遊撃隊、中条金之助の精鋭隊などである。黒木綿《くろもめん》の羽織に小倉の袴をつけた慶喜は数え年で

▼**梅沢孫太郎**　一八一七〜八一年。諱は亮。水戸藩士、慶喜の大坂警備視察の際、武田耕雲斎《たけだこううんさい》に従って上京した。一八六四（元治《げんじ》元）年に原市之進《はらいちのしん》とともに一橋家の雇《やとい》となり、六六（慶応二）年の慶喜の宗家《そうけ》相続の際に奔走し、同家の用人《ようにん》から目付に抜擢された。原市之進とともに庶政改革を推進。原が暗殺されたあと、慶喜の側近として活躍し、静岡謹慎にも随従して家扶《かふ》となった。

三二。顔色が憔悴して、髪は蝟毛《いもう》のようであったという。

戊辰内乱と慶喜

四月十五日に水戸に到着した慶喜は、弘道館《こうどうかん》にはいって水戸藩の家老《かろう》以下の出迎えを受けた。一息ついた慶喜にとって、江戸での緊張と憂苦から解放され、少年時代のなつかしい思い出がよぎったかもしれない。

しかし、鳥羽・伏見の戦いに始まる内戦は、慶喜が退隠・謹慎を命じられた水戸藩で極度な惨劇となっていた。江戸の水戸藩邸には、京都から勅諚《ちょくじょう》を持参した本圀寺党《ほんこくじとう》と称された新政府派がはいっている。天狗《てんぐ》党の流れをくむ本圀寺党は、慶喜の支持をえて藩主徳川慶篤《よしあつ》を引き込み、市川弘美《いちかわひろみ》（三左衛門《さんざえもん》）・鈴木《すずき》重棟《しげむね》（石見守《いわみのかみ》）らの旧幕府派（諸生《しょせい》党）に対峙していた。旧幕府派は水戸に戻って籠城《ろうじょう》を企図したが、三月十日に水戸から会津に向けて脱走している。▲水戸では、その後に旧幕府派に対する厳しい処分が行われ、混乱の渦中の四月五日、慶喜の長兄の藩主慶篤が病死して、藩内の混迷が深まっていた。

一方、慶喜が水戸に向かった四月十一日には、前夜から江戸開城に反発する

▼水戸の混乱　会津に向けて脱走した市川三左衛門らの水戸藩の佐幕《さばく》派（諸生党）は、戊辰戦争で越後《えちご》や会津の各地を転戦した。会津若松《わかまつ》城が降伏すると、水戸に戻って弘道館に立てこもったが、新政府側から追討を受けて滅ぼされた。

旧幕府将兵が各地に脱走していた。多くは「朝敵《ちょうてき》」の汚名をこうむることにいきどおり、薩摩・長州両藩などの新政府軍に対する抗戦をはかった。慶喜を徳川家と自身の保身をはかる臆病者とみかぎっている。旧幕府の脱走将兵の主力は、市川《いちかわ》の国府台《こうのだい》に集結。そののちに旧幕府歩兵《ほへい》奉行大鳥圭介《おおとりけいすけ》や新撰組《しんせんぐみ》の土方歳三《ひじかたとしぞう》などを中心に数隊に分かれ、日光《にっこう》に向かった。旧幕府軍は結城《ゆうき》や小山《おやま》で新政府軍を打ち破り、宇都宮《うつのみや》を占領している。その後、旧幕府軍は宇都宮を奪回され、日光をへて会津に向かった。それでも北関東の不穏な事態が残存し、慶喜の水戸での謹慎もけっして落ち着いた状況ではなかったようだ。

また、慶喜が水戸に移ったあとの上野は、引き続き彰義隊《しょうぎたい》などが割拠し、新政府側と対峙していた。彰義隊は、一橋《ひとつばし》家から慶喜に随従していた渋沢成一郎《しぶさわせいいちろう》(喜作《きさく》)や天野八郎《あまのはちろう》らが組織し、旧幕府勢力の拠点となっている。房総《ぼうそう》の市原《いちはら》・木更津《きさらづ》に脱走した旧幕府軍は、▲房総諸藩に協力を求め、閏《うるう》四月三日に船橋《ふなばし》や市川を攻撃した。伊庭八郎《いばはちろう》・人見勝太郎《ひとみかつたろう》らの遊撃隊は、請西《じょうざい》藩主林忠崇《はやしただたか》らとともに、榎本武揚の旧幕府海軍の協力をえて十二日に真鶴《まなづる》に上陸。小田原《おだわら》藩に働きかけ、御殿場《ごてんば》を越えて甲府《こうふ》に攻め込もうとしている。

▼旧幕府軍の抗戦　房総諸藩に協力を求めた旧幕府の伊庭八郎・人見勝太郎(寧《やすし》)らの遊撃隊は、請西藩主林忠崇(昌之助)らとともに一八六八(明治元)年閏四月に真鶴に上陸し、小田原藩に協力を呼びかけ、さらに三島《みしま》から御殿場を越えて甲府に進撃した。甲府の占領に失敗したあとは、箱根《はこね》で新政府側と戦い、榎本武揚らの軍艦で東北に向かい、奥羽越列藩同盟側に参戦した。

このような旧幕府軍の関東での騒乱は、たぶんに新政府側に軍事的な圧力をかけ、江戸の奪還を企図した画策であったようだ。大総督府は閏四月二日、江戸の鎮撫取締を徳川(田安)慶頼・勝義邦・大久保忠寛に委任し、彰義隊の江戸市中巡邏《じゅんら》を容認することを余儀なくされている。そして勝は同月四日、慶喜の江戸居住を許すように願い出ていた。慶喜の退隠帰住が江戸の鎮静に欠かせないとして、徳川家による江戸掌握を企図したのであった。

新政府側は、この勝などの旧幕府側の画策に対して、三条実美《さんじょうさねとみ》を大監察使《だいかんさつし》として江戸に派遣した。同月二十九日には田安亀之助《かめのすけ》(家達《いえさと》)に徳川家相続を命じている。六歳の亀之助に対しては、松平確堂(斉民《なりたみ》)を後見として、徳川家の安堵《あんど》と鎮静化をはかったのであった。そして五月十五日には、上野の天野八郎らの彰義隊に対する総攻撃を断行。新政府軍は、おもに上野黒門《くろもん》の正面と本郷《ほんごう》・団子坂《だんござか》の側面から攻撃し、半日で勝敗を決していた。彰義隊から分派した渋沢成一郎は、振武軍《しんぶぐん》を組織して田無《たなし》や箱根ヶ崎《はこねがさき》に割拠していたが、彰義隊に呼応することができず、飯能《はんのう》で鎮圧されている。

この江戸の掌握を前提として、新政府側は五月二十四日、徳川家移封《いほう》先を

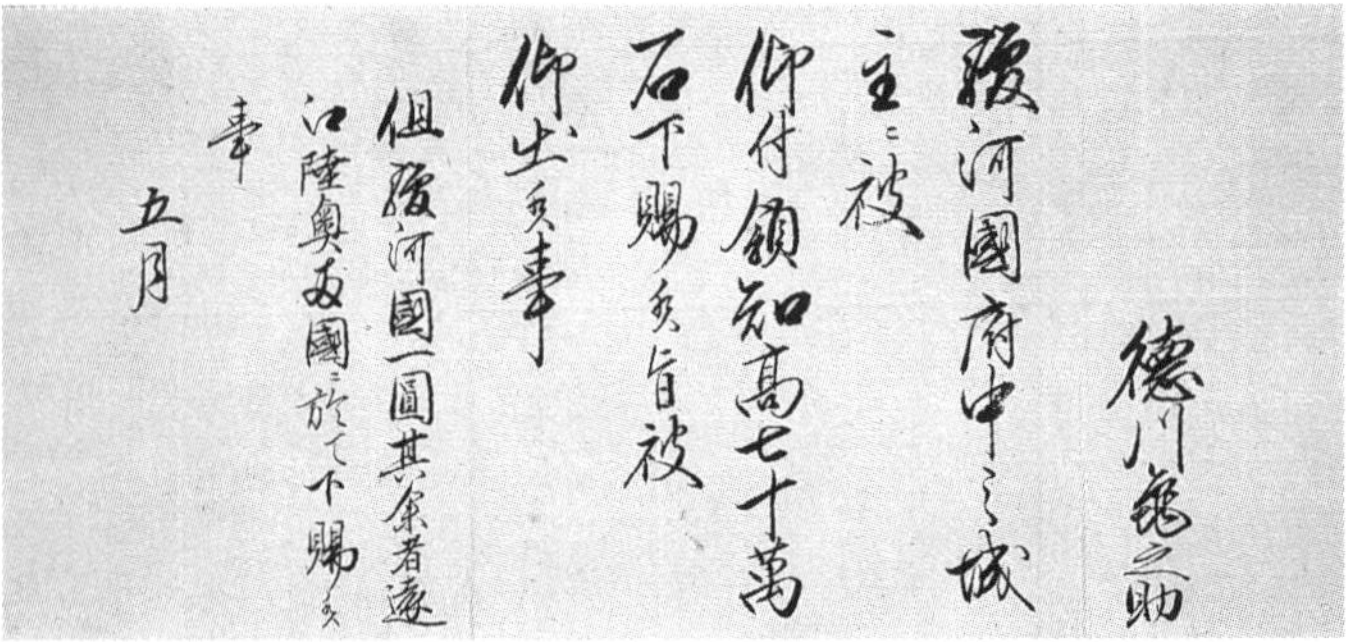
徳川亀之助
駿河國府中之城主ニ被
仰付領知高七十萬石下賜候旨被
仰出候事
但駿河國一圓其余者遠江陸奥兩國ニ於て下賜候事
五月

徳川亀之助に宛てた駿河府中城主七〇万石下賜沙汰書

駿河《するが》・遠江《とおとうみ》両国を主とした七〇万石と発表した。旧幕臣は、新政府への出仕、あるいは武士身分を棄《す》てた帰農・土着、そして無禄《むろく》での静岡への移転のいずれかの選択を求められている。この徳川家移封については、水戸に謹慎していた慶喜の側も勝義邦に対して、会津側に加担した守旧派が水戸に立ち戻る危険を書き送っていた。慶喜は謹慎の身で対応が困難であるとして、事前に難を避けたいと望んだようだ。家達の後見人の松平確堂を通じて大総督府へ請願し、それを許可されていた。慶喜は七月十九日に水戸を出発して那珂湊《なかみなと》へ向かい、銚子《ちょうし》をへて二十三日に清水《しみず》へ上陸したのであった。

しかし、慶喜は静岡へ移ったあとも、戊辰《ぼしん》内乱の混乱に揺り動かされた。北関東から東北に移った戊辰戦争は、奥羽越列藩同盟《おううえつれっぱんどうめい》諸藩に続いて会津藩が九月二十二日に降伏したが、戦いは蝦夷地《えぞち》へ波及している。榎本武揚らが江戸湾を脱走して仙台《せんだい》の寒風沢《さぶさわ》にはいり、さらに反政府勢力を収容して箱館《はこだて》を占領したのである。

この強力な海軍を擁した榎本軍の鎮圧に苦慮した新政府は、参与大久保利通が榎本の旧主にあたる徳川家達に討伐を命じるように提起した。同じ参与の木《き》戸《ど》孝允《たかよし》は、慶喜の謹慎を免じて家達を助けさせるように論じている。この慶喜を利用した討伐論▲には反対が多かったが、慶喜の側からも出張願いがだされていた。幼弱な家達のかわりに謹慎中の慶喜が寛宥《かんゆう》されるのであれば、出陣させたいとの願いである。慶喜を出陣させることで、慶喜の赦免を早期に獲得しようとしたのである。

もっとも、家達や慶喜を動員した鎮撫策は具体化にいたらず、その後、水戸藩主徳川昭武《あきたけ》に出陣が命じられた。パリ万国博覧会に派遣されていた昭武は、幕府崩壊を知って日本に帰国▲し、徳川慶篤の跡を受けて、水戸徳川家を相続していた。この昭武の派遣も一八六九(明治二)年正月には停止され、箱館は新政府側の総攻撃で五月に陥落している。新政府側はアメリカから送られてきた新鋭艦を入手し、その威力で軍事的な優位に立つことに成功していた。ともすれば禍根が残る昭武の出陣を具体化させないですんだのである。

▼慶喜を利用した討伐論　新政府側の大久保利通は、水戸に謹慎している慶喜が旧幕府側に利用されることを危惧した。日光に退隠した板倉勝静や柏崎《かしわざき》に逃れた松平定敬らは、奥羽越列藩同盟や箱館の榎本軍に加わっており、慶喜を確保しておくことが急務になった。

▼徳川昭武の帰国　慶喜の異母兄弟の昭武は、清水家を相続して一八六七(慶応三)年にパリに派遣されていた。水戸藩主の兄徳川慶篤の死後、昭武の水戸家相続を願った水戸藩士がフランスへ出張し、帰国を求めた。

焼失前の宝台院

▼宝台院での謹慎　慶喜は宝台院の庫裡で謹慎したという。同院は一九四〇(昭和十五)年の静岡火災で全焼。再建された宝台院の展示室には、慶喜の「淡如水」の額やキセル・カミソリ箱・急須などが残されている。

⑤―維新の復権へ向けて

静岡の三〇年

静岡へ移ることを許された徳川慶喜は、一八六八(慶応《けいおう》四)年七月二十三日に清水《しみず》に上陸した。徳川家当主の徳川家達《いえさと》の江戸《えど》出発は八月九日である。慶喜は、目付《めつけ》の中台信太郎《なかだいしんたろう》の出迎えを受け、精鋭隊五〇余人が護衛して静岡にはいった。戦争が関東に波及し、反政府側に慶喜を奪回される危険があっただけに、水戸からの移動の急がれたことがうかがわれる。徳川家の移封《いほう》先は駿河《するが》・遠江《とおとうみ》両国を中心とした七〇万石《ごく》であった。

静岡の謹慎先は常磐《ときわ》町の宝台院《ほうだいいん》。▲謹慎が解かれたわけでない慶喜は、庫裡《くり》の座敷ですごしたようで、後年の写真などからは質素な雰囲気がうかがえる。慶喜の弟昭武《あきたけ》とともにフランスから帰国した渋沢栄一《しぶさわえいいち》▲は、一八六八(明治元)年十二月に駿府《すんぷ》の慶喜のもとに参上した。慶喜は昭武の欧州巡回などの海外の話に終始。渋沢が心境をたずねても、愚痴や新政府への批判はなかった。泰然として今さらそのような繰り言は仕方ないと話すのみであったという。

この静岡の慶喜は、一八六九(明治二)年九月に謹慎を免じられた。謹慎が解かれる直前には、新政府側の弾正《だんじょう》少巡察尾崎行正《おざきゆきまさ》が出張している。その報告では、慶喜は毎日のように「楽譜」をうたい、和歌を詠じて、表面的には謹慎にみえると記されていた。▲江戸から随従した新門辰五郎《しんもんたつごろう》の娘を付き添わせていると報告されている。慶喜の謹慎が解かれると、新政府に敵対した松平容保《まつだいらかたもり》や林忠崇《はやしただたか》らも、家名の存続と継嗣を立てることが許された。

謹慎を免除された慶喜は、宝台院をでて紺屋《こうや》町の元代官《だいかん》屋敷にはいった。小《こ》石川《いしかわ》の水戸《みと》藩邸や深川《ふかがわ》の蔵《くら》屋敷に仮住いをしていた妻美賀子《みかこ》▲も静岡に移っている。それでも慶喜は外出をひかえ、静岡藩知事の徳川家達との往来もほとんどなかったようだ。一八七一(明治四)年七月十四日の廃藩置県《はいはんちけん》で静岡藩が廃されると、家達は東京に戻ったが、当主家達の家族とされていた慶喜は同行していない。静岡にとどまったのは、旧臣の勝義邦《かつよしくに》(海舟《かいしゅう》)が、慶喜にもうしばらく在住するようにと助言したことがあったようだ。

そのような勝の危惧《きぐ》は、賀陽宮朝彦親王《かやのみやあさひこしんのう》の配流《はいる》事件▲なども関係したと思われる。朝彦親王は幕末に青蓮院宮《しょうれんいんのみや》、中川宮《なかがわのみや》、尹宮《いんのみや》などと称され、概して旧幕府《ばくふ》

▼渋沢栄一　一八四〇〜一九三一年。雅号《がごう》は青淵《せいえん》。武蔵国榛沢《むさしのくにはんざわ》郡血洗島《ちあらいじま》村(現、深谷《ふかや》市)の豪農《ごうのう》に生まれ、尊王攘夷《そんのうじょうい》運動に参加。一橋《ひとつばし》家に出仕し、徳川昭武に従って渡欧したが、一八六八(明治元)年十一月に帰国。翌一八六九(明治二)年に大蔵《おおくら》省租税頭《そぜいのかみ》に任じられ、七一(同四)年に大蔵大《だい》丞《じょう》になったが、七三(同六)年に大蔵大輔《たいふ》井上馨《いのうえかおる》とともに連袂《れんべい》辞職。以後、実業界で活躍し、明治・大正期の財界の指導者となった。

▼慶喜の謹慎　弾正少巡察の報告は、「日々楽譜を歌ひ、或ハ和歌を詠し」て「陽は謹慎ニ相見へ候」とある(『静岡県史』資料編)。

▼徳川美賀子　一八三五〜九四年。美賀子は、慶喜の謹慎が一八六九(明治二)年九月に赦《ゆる》されると静岡へ移り、九四(同二十七)年まで同地に居住した。

側と連携したことから、京都の郊外で謹慎・閉居《へいきょ》していた。しかし親王は、慶喜と通じて幕権《ばっけん》回復の陰謀を企てたとの流言があって、一八六八年八月に刑法官からの糾問を受けている。その嫌疑は、慶喜らに密使を送って内応するような陰謀が露顕したという。そして、親王は宣旨《せんじ》と官位が奪われ、広島藩に幽閉されていた。また、新政府内でも、慶喜の名声を政治的に利用しようとする企図がたびたび浮上したようだ。参議《さんぎ》木戸孝允《きどたかよし》は一八七一年七月、慶喜を外務省の「貴職」に抜擢することで、政府の「威厳」と調和を内外に明示できると岩倉具視《いわくらともみ》に論じていた。

それゆえ勝義邦は慎重で、慶喜も時局批判はもとより世事を談ずるのも避けたようだ。ちなみに渋沢は、隔年ごとに静岡に参上し、三遊亭円朝《さんゆうていえんちょう》などを同伴して慶喜に喜ばれ、食事を交わしていた。渋沢の体験によれば、一八七八(明治十一)年五月十八日に伺候《しこう》し、慶喜の幕末の側近永井尚志《ながいなおゆき》と一緒になったが、慶喜は永井の謁見《えっけん》▲を許さなかったという。勝と渋沢は、同年七月に前アメリカ大統領グラントが来日すると、東京府主催の夜会への出席について慶喜の意向をたずねていた。両者は、慶喜の上京の機会を探ったようだが、慶喜はそれに

▼配流事件　朝彦親王は、粟田《あわた》村(現、京都市東山《ひがしやま》区)に謹慎・閉居していたが、慶喜の密使と称する人物が親王の家臣と通じたことから、一八六八(明治元)年八月に刑法官が親王の陰謀を疑って糾弾した。親王は宣旨などを奪われ、一八七〇(明治三)年閏十月まで広島藩に幽閉された。

▼慶喜と旧幕臣　永井尚志は、慶喜の大坂逃亡後、大坂城の混乱の収拾に尽力した。箱館《はこだて》戦争で榎本《えのもと》側に加わり、出獄《しゅつごく》後は、左院《さいん》少議官《しょうぎかん》・元老院権大書記官《げんろういんごんだいしょきかん》などを歴任。渋沢の談話は、「徳川慶喜家扶日記」の一八七八(明治十一)年五月二十一日の「永井尚志へ御筆並御目録被下《くだされ》、吉松為三郎《よしまつためさぶろう》持参渡す」がそれである。なお、慶喜は静岡をたずねた松平慶永や板倉勝静《かつきよ》などにも謁見した記述がなく、慶喜は枢機《すうき》に関係した旧幕府当局者との面会を避けたようだ。

応じていない。明治天皇の静岡巡幸時にも「所労」を理由に参賀しなかった。

　そして、慶喜は一八八八(明治二十一)年三月、静岡の西草深町《にしくさぶか》に移転したが、静岡から外にでたわけではない。転居の理由は、東海道《とうかいどう》線の開通にともなって近くに静岡駅が開業となり、その喧騒をきらったという。紺屋町では代官屋敷を改築して使用したが、西草深町では屋敷を新築▲したのであった。

　慶喜の上京については、一八八六(明治十九)年十一月が最初であった。それは東京小梅《こうめ》の水戸徳川邸に、実母の文明《ぶんめい》夫人▲の病気を見舞ったのである。一八九一(明治二十四)年の実母八八歳の米寿、その逝去の九三(同二十六)年にも上京した。霊柩に侍して水戸へ向かい、瑞龍山《ずいりゅうざん》の斉昭の墓側に埋葬している。翌年七月には、病気療養で千駄ヶ谷《せんだがや》に移っていた美賀子夫人の逝去で上京した。

　それ以外の慶喜の上京となると、開通したばかりの東海道線を利用した一八八九(明治二十二)年四月の小梅邸と昭武の松戸戸定《とじょう》邸への訪問。戸定邸から日《にっ》光《こう》・水戸をへて瑞龍山の水戸家墓所を参詣し、大洗《おおあらい》などを見学したときに限られる。実母の病気見舞い、その母と夫人の葬儀以外の上京は、実弟の昭武邸などを水戸墓参とあわせて訪ねた一回だけである。

▼西草深町の新築　謹慎解除後の慶喜は、一八六九(明治二)年十月に紺屋町の元代官屋敷に転居し、その庭の一部は静岡市内に浮月楼《ふげつろう》として残されている。そして慶喜は一八八八(明治二十一)年三月に西草深町に移った。同所には東京に移る一八九七(明治三十)年十一月まで居住し、慶喜の静岡在住は三〇年におよんだ。

▼徳川文明夫人　一八〇四〜九二年。有栖川宮織仁《おりひと》親王の王女吉子。称号は登美宮《とみのみや》。死後に文明夫人と諡名《おくりな》された。一八七七(明治十)年四月に吉子の静岡来訪があり、慶喜は興津まで出迎えた。一カ月のあいだ、久能山や清水港の遊覧など、実母への孝養をつくしている。

多芸多才

政治の表舞台から去った慶喜は、外部との接触を避け、たんたんとした日常生活のなかで、多彩な趣味に打ち込んだ。

武芸では、慶喜は若年のころから大弓に熱心だった。日課として一日に一五〇本の大弓を引いたという。晩年には医師の助言で一〇〇本に減らしたが、それでも二、三時間は邸内の弓場ですごしたようだ。屋外では、舟を漕がせた投《と》▲網《あみ》と大鷹を使用した狩猟を好んだ。投網は居間の前庭で毎日のように網の稽古をして、清水港などへでかけている。放鷹《ほうよう》は鷹匠《たかじょう》について研究した。狩猟は、東京移住後も昭武の屋敷に近い松戸とその周辺、板橋《いたばし》・戸田《とだ》などの中山道《なかせんどう》筋、近場では田端《たばた》・駒込《こまごめ》で七〇歳近い晩年まで楽しんでいる。

また、「洋癖」と揶揄《やゆ》された慶喜は、油絵や写真に興味を示した。油絵は宝台院に謹慎中、元開成所《かいせいじょ》の絵師中島鍬次郎《なかじまくわじろう》から学んだ。慶喜の油絵▲は、松平春《しゅん》嶽《がく》に贈った作品の額裏に、「明治三年春」の記載があり、日本での西洋画導入の嚆矢《こうし》の部類に属するようだ。オランダの風車や渓谷など、遠近法を取り入れ、西洋の風景や静物を熱心に描いている。慶喜自身は国内をでていないの

▼投網へ熱中　投網は、もっとも熱中していた時期、連日のようにでかけている。静岡の川で投網に失敗して河中へ落ちたことがあって、その失敗をたいへんに無念に思い、「御居間の前庭にて、日々網の稽古」をしたという。

▼油絵への関心　慶喜は油絵の新技法や未知の外国への関心が強かったようで、早い時期にあたる作品は、日本の近代洋画史でも注目されている。

で、西洋の絵葉書や画集・図鑑類をみて描いたようだ。人の眼に触れることを避けて、室内で描ける画材を選んだのがもっぱらであった。

写真のほうは、禁裏《きんり》御守衛総督《ごしゅえいそうとく》時代に元込式《もとごめしき》ライフル銃や愛読書の『資治通鑑《しじつがん》』を側において写真をとらせていた。フランスのナポレオン三世から軍服やケピ帽を贈られると、それを着し、アラビア馬に乗って写真を撮影させている。一八六七(慶応三)年三月にイギリス・フランス・オランダ各国公使に謁見した折には、撮影を求めたイギリス軍艦サーペント号の機関長サットン大佐の要望に応じた。小直衣《のうし》と洋服姿の両様で撮影している。▲また、同年五月の四侯《しこう》会議の折には、二条《にじょう》城で横田彦兵衛《よこたひこべえ》に松平春嶽・山内容堂《やまうちようどう》・伊達宗城《だてむねなり》・島津久光《しまづひさみつ》の写真を撮影させたことがよく知られている。春嶽・久光らは、慶喜に圧倒された四侯会議の結果、にがにがしい思いで撮影に応じたのかもしれない。

さらに慶喜は、一八九三(明治二十六)年六月以降、とくに九八(同三十一)年の上京後はみずからカメラをもって写真をとることに熱中した。弟の昭武が写真をとりはじめたことに影響されたという。師匠は静岡在住の写真師徳田孝吉《とくだこうきち》。新しもの好きの慶喜は、当時の高価なカメラを購入し、静岡の久能山《くのうざん》や清水港

▼慶喜の写真　徳川慶喜は、一八六七(慶応三)年三月二十五日に大坂城でイギリス公使パークスに謁見し、大広間の前庭でイギリス騎兵の乗馬を上覧した。その際にパークスおよび老中《ろうじゅう》たちを含めて洋食の会席を設けている。二十八日にはイギリス・フランス・オランダ公使と公式謁見を行い、条約の履行を約した。同期間中、みずからも写真撮影の要望に応じた。

静岡の西草深町慶喜邸

狩猟姿の徳川慶喜(一八八七〈明治二十〉年)

西洋風景(徳川慶喜画)

西洋雪景色(徳川慶喜画)

安倍川鉄橋と蒸気機関車

慶喜のプレモカメラ　ドイツ・ゴルツ社アメリカ支社製で1905(明治38)年ごろの製品。

写真撮影中の徳川慶喜(徳川昭武撮影)　戸定邸の下を流れる坂川《さかがわ》での1905(明治38)年の写真。

慶喜の愛車ダイムラー

波戸場《はとば》、安倍川《あべがわ》の鉄橋を走る蒸気機関車などを写している。「徳川慶喜家扶《かふ》日記」▼によれば、連日のように写真撮影にでかけ、静岡の名所を丹念に撮影。東京に移ったのちは、靖国《やすくに》神社境内や東京博覧会場などの風景をとった。靖国神社では、上野《うえの》の彰義隊《しょうぎたい》を壊滅させた大村益次郎《おおむらますじろう》の銅像も、写真撮影の対象となっている。また、慶喜は小日向《こひなた》邸の庭や家族、さらには王子《おうじ》や板橋にでかけ、庶民の生活や農村の風景を被写体におさめた。福島県翁島《おきなじま》の別邸や弟の徳川昭武の戸定邸をたずねた折は、カメラを持参し、写真撮影を楽しんでいる。撮影した写真をアルバムに整理し、関係者に贈るなど、その傾倒ぶりはたいへんであった。

　そのような慶喜の新しもの好きは、自転車や自動車にもおよんだ。自家用の自動車の入手は一九〇九(明治四十二)年。当時は珍しく、どこにいってもめだったにちがいない。慶喜は好奇心旺盛であるとともに、実に凝り性である。関心をもった対象に徹底的に取り組み、頂点をきわめるまで熱中したのである。

▼**「徳川慶喜家扶日記」**　慶喜邸の関係者が書き継いだ業務記録。一八七二(明治五)年から一九一二(大正元)年まで四三冊が現存している。

▼**従一位陞叙**　慶喜は、一八八八(明治二十一)年六月、将軍時代の旧位を越えた最高位の従一位に陞叙された。その決定は東京から電報で伝えられ、慶喜の名代《みょうだい》として家達が参朝《さんちょう》し、紺屋町邸には静岡県知事関口隆吉《せきぐちたかよし》はじめ旧臣が祝賀にかけつけた。一八八七(明治二十)年に制定された叙位条例に

よると、正二位から従一位に叙任するには九年の歳月と相当年齢が六四歳以上と規定されているので、五二歳の慶喜は特別であった（山崎千歳「明治期における徳川慶喜の待遇」）。

巣鴨邸内（徳川慶喜撮影）

慶喜の上京と授爵

静岡に閉居していた慶喜は、一八七二（明治五）年正月に従四位《じゅしい》に叙せられた。翌年九月の謹慎免除と異なり、明治政府のもとで改めて位階《いかい》を授けられたのである。廃藩置県後の士族《しぞく》の不満が危惧されるなかで、華族《かぞく》・士族に向けた政府側の対応策の一つであったといえる。そして慶喜は一八八〇（明治十三）年五月、将軍時代の旧位と同じ正二位《しょうにい》に叙せられた。隠居の身の慶喜は家達の家族とされてきたが、一八八二（明治十五）年十一月には慶喜の四男の徳川厚《あつし》の別戸分籍が許され、特旨をもって華族に列せられている。厚は一八八四（明治十七）年七月に男爵《だんしゃく》を授けられた。さらに慶喜は一八八八（明治二十一）年六月、叙位《じょい》条例の例外の扱いをもって、とくに従一位《じゅいちい》に陞叙《しょうじょ》▲されている。

このような慶喜に対する位階陞叙は、維新《いしん》の対立、怨念を解消させたい明治政府側の配慮が存在したようだ。慶喜にとっては、静岡に引きこもる必要がなくなったことを意味し、表の場にでることが可能になった。勝海舟は、慶喜が妻美賀子の死去で上京した折、宮内《くない》大臣土方久元《ひじかたひさもと》に対して、慶喜を東京に移住させ、家達邸以外に居住させる意向を書き送っている。慶喜自身も還暦を迎え、医療に困らない東京への移住を期待するようになったと思われる。慶喜の健康管理は、自身の食事から日々の生活の細部にいたるまで、実に徹底していた。飯盒に興味をもち、銀製が健康によいとわかるとそれをつくらせ、毎日のように愛用している。慶喜は一八九七(明治三十)年十一月に静岡を発ち、熱海《あたみ》をへて東京の千駄ヶ谷邸にはいった。かくして巣鴨《すがも》の別邸に居を構えたが、門前に巣鴨駅が設置されることがわかると、一九〇一(明治三十四)年十二月に小日向に転居している。

東京に移った慶喜は、一八九八(明治三十一)年二月に有栖川宮威仁親王《ありすがわのみやたけひと》を訪問した。威仁親王と交流を深め、生母吉子《よしこ》など血縁関係の深い有栖川宮家の支援を受けるようになっている。そして三月二日には、明治天皇と皇后に拝謁《はいえつ》す▲ることができた。

慶喜はとだえていた日記▲を天皇・皇后に拝謁したこの日からつけはじめた。午前十時五分前に天機伺《うかが》いに参内《さんだい》し、両陛下に拝謁したことを記している。皇后から椅子を勧められ、菓子と茶を頂戴し、陛下の前で花瓶一対と紅白縮緬《ちりめん》二疋《ひき》、そして三ツ組銀盃《ぎんぱい》を拝領したと書いた。皇后は慶喜の亡妻美賀子の義妹で

▼明治天皇・皇后に拝謁　慶喜は、一八九八(明治三十一)年三月にはじめて参内して天皇・皇后に拝謁した。同年五月にも東宮《とうぐう》の御《ご》所《しょ》に伺候し、茶菓を頂戴してねんごろな対話があり、その後も天皇、とくに皇太子の東宮にたびたび呼ばれている。

▼慶喜の手記　それまでの慶喜の手記などについては、大坂城を脱出する折、および江戸で「官軍の江戸討入と聞えたる前夜、悉く《ことごと》之を大慈院《だいじいん》の庭中に於《おい》て焼却」したという(『徳川慶喜公伝』一)。

1889(明治22)**年に松戸の戸定邸で撮影**　前列左より慶喜，徳川家達《いえさと》(16代宗家，公爵)，博《ひろし》(慶喜五男)，昭子《あきこ》(昭武長女)，政子《まさこ》(昭武次女)，吉子《よしこ》(慶喜生母)，鏡子《きょうこ》(慶喜長女)，後列左より厚《あつし》(慶喜四男)，昭武《あきたけ》(慶喜弟)，達孝《さとたか》(家達弟)。

「和楽且湛」「寿考萬年」の徳川慶喜祝賀会合作の書　徳川慶喜・家《いえ》達《さと》・家正《いえまさ》・慶久《よしひさ》・昭武《あきたけ》・達孝《さとたか》・達道《さとみち》・厚《あつし》がおのおの一字を筆にした。

孫（のちの高松宮《たかまつのみや》喜久子《きくこ》妃殿下）をだく慶喜

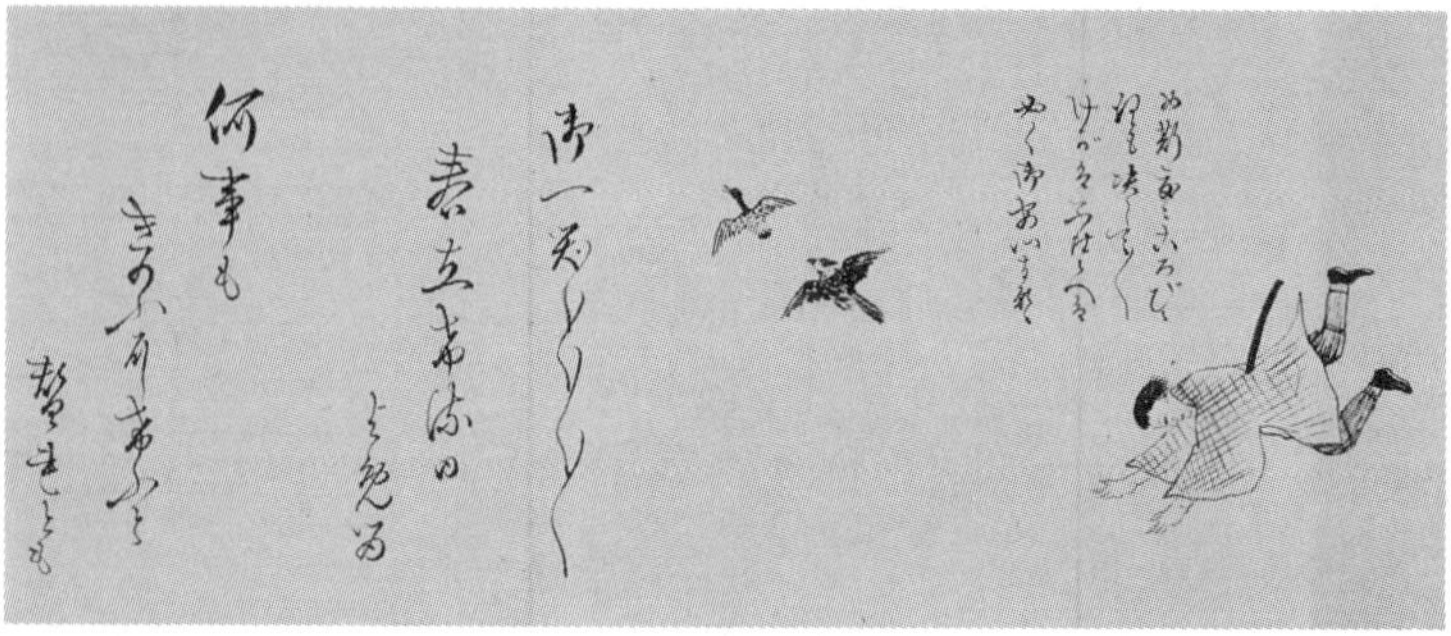

生母吉子宛徳川慶喜書状

あり、慶喜の参内をとくに優遇した。慶喜は同年五月、皇太子にも拝謁し、親しく話している。皇太子にはたびたび呼ばれて、維新のことをたずねられたようだ。その後も天皇・皇后、さらには皇太子から陪食《ばいしょく》あるいは御猟や宮中《きゅうちゅう》新年宴会に招かれた。天皇からの丁重《ていちょう》な礼遇と親しい会話は、慶喜にとって至福のひとときであり、将軍職を奪われて以来の屈辱が癒《いや》される思いであったといえる。以後、慶喜が宮中の式典に参内するようになったことが、それをうかがわせる。

その慶喜は、一九〇〇(明治三十三)年六月に麝香《じゃこうの》間《ま》祗候《しこう》に任じられた。二年後には華族に列せられて公爵《こうしゃく》を授爵し、六六歳にして一家を興すことが許された。従一位公爵で貴族院《きぞくいん》議員にもなっている。それまで家達の徳川宗家《そうけ》に従順に従い、経済的にも依存してきた慶喜家が、名実ともに独立したことになる。

慶喜は一九〇二(明治三十五)年に公爵を授爵した折、「和楽且湛」「寿考万年」と揮毫《きごう》した。揮毫の文字は、徳川慶喜・家達・家正《いえまさ》・慶久《よしひさ》・昭武・達孝《さとたか》・達道《さとみち》・厚がそれぞれ一字を筆にしている。慶喜の公爵授爵を祝すとともに、徳川一族の弥栄《いやさか》を記念した合作である。慶喜の喜びは格別であったにちがいない。慶喜

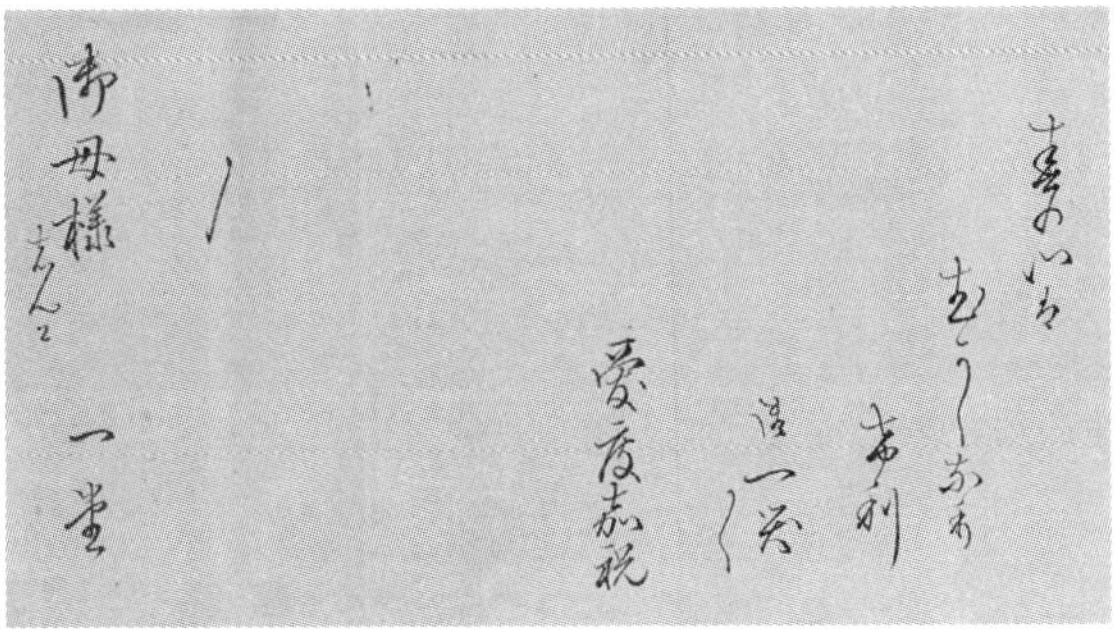

に隠忍自重を求めた勝海舟も一八九九(明治三十二)年に死去していた。慶喜は銀座《ぎんざ》を歩き、神田《かんだ》で活動写真という映画に興じるようになっている。

そして慶喜は一九〇七(明治四十)年四月、日露《にちろ》戦争にともなう行賞《こうしょう》として勲四等旭日小綬章《きょくじつしょうじゅしょう》があたえられ、さらに伊藤博文《いとうひろぶみ》の推薦で翌年に勲一等旭日大綬章が授与された。明治国家の功労者としての扱いである。幕府が滅び、旧幕《ばく》臣《しん》の苦難はさまざまであったが、慶喜は、位階と授爵を通じてその名誉回復がはかられたのであった。

明治の終焉と慶喜

徳川慶喜は筆まめである。慶喜の書は、書の師匠が変わったことで三種類あり、いずれも丁寧できれいな書体である。母思いの慶喜は、静岡からもたびたび生母吉子(文明夫人)に手紙を書いた。手元金から毎月五〇円を贈り、吉子が静岡に訪れた折は、興津《おきつ》あるいは熱海まで出迎えている。

吉子に対する返信では、一族の者の近況を書き、戯画と和歌をそえた。自分がころんでいる戯画の脇には、このようにたびたびころんでも、けっしてけがをしないので、どうぞ安心してほしいと書き加えている。末尾の和歌は、「何事もきのふにけふと替れとも、春の心はむかしなりけり」とある。明治になってからの慶喜の素直な心情がうかがえる。前後に「御一笑」を繰り返し記しているが、生母への親書ゆえに幕府崩壊後の静岡での心情を伝えたように思われる（『「徳川慶喜」展』）。

その慶喜は、正室《せいしつ》の美賀子とのあいだに生まれた一女を早死にさせ、二人の側室から一〇男一一女をもうけた。十男の精《くわし》▲は、勝海舟の養子にしている。七男の久《ひさし》は、慶喜が一九一〇（明治四十三）年に七四歳で隠居したあと、公爵家を継承した。

慶喜自身は隠居を決意すると家範を定め、同年十一月に家範発布式を行って、隠居願を宮内大臣に提出した。家範の最初には、「我家の創立は実に朝廷の殊恩に出つ」と書いている。「我後嗣継孫たる者は、皇恩を奉体して国運を扶翼し、華族たる本分を尽すべし」と記した。

慶喜の復権を願った渋沢栄一は、慶喜の伝記編纂▲を企図し、慶喜からの聞きとりを行っていた。慶喜は、一九〇七（明治四十）年七月から一三（大正二）年五

▼**徳川精**　一八八八～一九三二年。勝海舟は、嗣子《しし》小鹿《ころく》が病死すると、慶喜と家達に対して、慶喜の十男精を養子に貰い受けたい旨を申し出ている。慶喜はそれを了承して、精は海舟の死後、勝家の家督《かとく》を相続した。

▼**伝記の編纂**　『徳川慶喜公伝』の編纂は、一八九三（明治二十六）年ごろに始まり、福地源一郎《ふくちげんいちろう》が著者となったが中断。一九〇七（明治四十）年に荻野由之《おぎのよしゆき》・三上参次《みかみさんじ》を監修者とし、小林庄次郎《こばやししょうじろう》・藤《ふじ》井甚太郎《いじんたろう》・井野辺茂雄《いのべしげお》らが執筆分担者となって本格化した。編者の渋沢栄一が私費を投じ、約一〇年を費やした。慶喜は伝記草稿の初稿のほとんどと第二稿の三分の一を手にしたところで死去した。一九一八（大正七）年刊行。

月まで、その一七回の昔夢会《せきむかい》に毎回出席している。慶喜も自身の「徳川慶喜公伝(稿本)」の校閲を行っていたが、その完成をみることはできなかった。

一九一三年十一月五日に九男の誠《まこと》に男爵が授与され、慶喜は翌六日にそのお礼に参内した。風邪を押して宮中に参内し、各宮家などを廻礼したことで病をこじらせ、十一月二十二日に七七歳で死去したのであった。

写真所蔵・提供者一覧(敬称略・五十音順)

茨城県立歴史館　扉, p. 42, 49, 57下, 86中右, 87上左
Image：東京都歴史文化財団イメージアーカイブ　p. 66下
大洗町幕末と明治の博物館　p. 36
大阪城天守閣　p. 66中
久能山東照宮博物館　p. 7 左上, 86中左, 87上右
国土安穏寺・松戸市戸定歴史館　p. 7 右
財団法人徳川記念財団　p. 26上, 78, 91下左
聖徳記念絵画館　カバー表
下田開国博物館　p. 7 中
玉里島津家(所蔵)・鹿児島県歴史資料センター黎明館(寄託)　p. 57上
徳川ミュージアム所蔵　©徳川ミュージアム・イメージアーカイブ/DNPartcom
　p. 7 左下, 92・93
徳川慶朝・松戸市戸定歴史館　p. 87下, 91下右
『徳川慶喜公伝』巻 3　p. 66上
福井市立郷土歴史博物館　p. 14, 86下
宝台院　p. 80
松戸市戸定歴史館　カバー裏, p. 8, 86上, 89, 91上
御寺 泉涌寺　p. 20
横浜開港資料館　p. 65
個人蔵・松戸市戸定歴史館　p. 87中
個人蔵(徳川宗家文書)　p. 26下

参考文献

青山忠正『明治維新と国家形成』吉川弘文館, 2000年
家近良樹『幕末政治と倒幕運動』吉川弘文館, 1995年
家近良樹『徳川慶喜—大正まで生きた将軍—』吉川弘文館, 2004年
家近良樹『その後の慶喜』講談社, 2005年
井上勲『王政復古』中央公論社(中公新書), 1991年
岩下哲典編著『徳川慶喜—その人と時代—』岩田書院, 1999年
上野秀治「明治三〇年代の徳川慶喜㈠〜㈢」(『史料』163〜165号), 1999〜2000年
遠藤幸威『女聞き書き徳川慶喜残照』朝日新聞社(朝日文庫), 1985年
大江志乃夫『徳川慶喜評伝』立風書房, 1998年
大庭邦彦編『父より慶喜殿へ—水戸斉昭一橋慶喜宛書簡集—』集英社, 1997年
久住真也『長州戦争と徳川将軍』岩田書院, 2005年
久住真也『幕末の将軍』講談社(講談社選書メチエ), 2009年
小西四郎編『徳川慶喜のすべて』新人物往来社, 1984年
榊原喜佐子『徳川慶喜家の子ども部屋』草思社, 1996年
司馬遼太郎『最後の将軍—徳川慶喜—』文芸春秋, 1967年
渋沢栄一『徳川慶喜公伝』全8冊, 龍門社, 1918年
渋沢栄一伝記資料刊行会編『渋沢栄一伝記資料』(第49, 57巻), 竜門社, 1963〜66年
渋沢栄一編・大久保利謙校訂『昔夢会筆記』平凡社(東洋文庫), 1967年
鈴村進『徳川慶喜・家康の再来と恐れられた男』三笠書房, 1997年
祖田浩一『徳川慶喜と華麗なる一族』東京堂出版, 1997年
高野澄『徳川慶喜・近代日本の演出者』日本放送出版協会, 1997年
高橋秀直『幕末維新の政治と天皇』吉川弘文館, 2007年
田中彰『明治維新の敗者と勝者』日本放送出版協会(NHKブックス), 1980年
田中惣五郎『最後の将軍・徳川慶喜』千倉書房, 1939年(中央公論社〈中公文庫〉, 1997年)
田村貞雄編著『徳川慶喜と幕臣たち』静岡新聞社出版局, 1998年
徳川宗英『最後の幕閣』講談社, 2006年
徳川慶朝『徳川慶喜家へようこそ』集英社, 1997年(文芸春秋〈文春文庫〉, 2003年)
奈良本辰也ほか『徳川慶喜・最後の将軍と幕末維新』三笠書房, 1997年
林左馬衛『最後の将軍・徳川慶喜』河出書房新社, 1997年
原口清『幕末中央政局の動向』(原口清著作集1), 岩田書院, 2007年
比屋根かをる『晩年の徳川慶喜—将軍東京へ帰る—』新人物往来社, 1997年
藤井貞文『宿命の将軍・徳川慶喜』吉川弘文館, 1983年
前田匡一郎『慶喜邸を訪れた人々—「徳川慶喜家扶日記」より—』羽衣出版, 2003年
前林孝一良『徳川慶喜　静岡の30年』静岡新聞社, 1997年
松浦玲『徳川慶喜—将軍家の明治維新—』中央公論社(中公新書), 1975年
山崎千歳「明治期における徳川慶喜の待遇」(『史友』30号), 1998年
徳川慶朝監修『将軍が撮った明治』朝日新聞社, 1986年
徳川慶喜展企画委員会編『徳川慶喜展』(NHK, NHKプロモーション), 1998年
松戸市戸定歴史館編『最後の将軍　徳川慶喜』松戸市戸定歴史館, 1998年
松戸市戸定歴史館編『徳川慶喜家　最後の家令』松戸市戸定歴史館, 2010年

徳川慶喜とその時代

西暦	年号	齢	おもな事項
1837	天保8	1	*9-29* 小石川の水戸藩邸に生まれる(父斉昭，母吉子)
1847	弘化4	11	*9-1* 一橋家の養子となる。*12-1* 刑部卿，慶喜と改名
1855	安政2	19	*12-3* 一条忠香の養女美賀と結婚。参議に任じられる
1858	5	22	*6-23* 不時登城，大老井伊直弼を詰問。*7-5* 登城停止
1859	6	23	*8-27* 幕府より隠居・謹慎を命じられる
1860	万延元	24	*8-15* 父斉昭死去。*9-4* 謹慎が解かれる
1862	文久2	26	*4-25* 接客文通の解除。*7-6* 一橋家再相続，将軍後見職就任。
1863	3	27	*1-5* 入京。*3-11* 下鴨・上賀茂社行幸に供奉。*4-11* 石清水八幡宮行幸に供奉。*5-9* 江戸へ帰府，登営。*10-26* 海路上京。*12-晦* 朝議参予を拝命
1864	元治元	28	*3-9* 朝議参予を辞職。*3-25* 将軍後見職を辞任，禁裏御守衛総督，摂海防禦指揮を命じられる。*7-18* 禁門の変
1865	慶応元	29	*5-16* 将軍家茂が第2次長州征討のために江戸進発。*10-4* 朝議で参内，条約勅許を奏請
1866	2	30	*1-21* 薩長盟約成立。*7-20* 将軍家茂が没す。*12-25* 孝明天皇が崩御
1867	3	31	*1-23* 長州征討を解兵。*10-14* 慶喜が大政奉還を上表。*10-24* 慶喜，将軍職を辞す。*12-9* 王政復古断行で将軍職廃止。*12-16* 慶喜が大坂で英・仏など6カ国公使を引見
1868	明治元	32	*1-3* 鳥羽・伏見の戦い。*1-6* 大坂城を脱出。*1-12* 江戸城に帰着。*2-12* 上野寛永寺大慈院に移って謹慎。*5-24* 徳川家達が駿河府中70万石に封ぜられる。*7-23* 慶喜が静岡の宝台院に移り謹慎
1869	2	33	*9-28* 謹慎解除。*10-5* 静岡紺屋町の代官屋敷に移る
1877	10	41	*4-7* 生母文明夫人が静岡訪問。慶喜は興津に出迎える
1882	15	46	*10-21* 熱海へ赴き文明夫人を出迎える。*11-6* 四男厚が分家し華族に列す(1884年に男爵)
1888	21	52	*3-6* 静岡の西深草邸に移る。*6-20* 従一位に陞叙
1893	26	57	*1-27* 文明夫人死去，上京する
1894	27	58	*7-9* 美賀子夫人死去，上京する
1897	30	61	*11-16* 東京移住で静岡を出発。*11-19* 巣鴨邸にはいる
1898	31	62	*3-2* 参内，天皇・皇后に拝謁
1900	33	64	*6-22* 麝香間祗候となる
1901	34	65	*12-24* 小日向第六天町邸に移る
1902	35	66	*6-2* 内勅により分家。*6-3* 華族に列し公爵となる
1908	41	72	*4-30* 勲一等を陞叙，旭日大綬章を受ける
1910	43	74	*12-8* 家督を七男慶久に譲り，隠居
1913	大正2	77	*11-5* 九男誠分家，男爵を授けられる。*11-22* 死去

松尾正人(まつお まさひと)
1948年生まれ
中央大学大学院文学研究科博士課程単位取得
専攻，日本近代史
現在，中央大学名誉教授，博士(文学)
主要著書
『廃藩置県』(中公新書，中央公論社1986)
『維新政権』(日本歴史叢書，吉川弘文館1995)
『廃藩置県の研究』(吉川弘文館2001)
『明治維新と文明開化』(編著，吉川弘文館2004)
『木戸孝允』(吉川弘文館2007)

日本史リブレット人 069
徳川慶喜《とくがわよしのぶ》
最後の将軍と明治維新
2011年９月20日　１版１刷　発行
2021年９月５日　１版３刷　発行
著者：松尾正人
発行者：野澤武史
発行所：株式会社 山川出版社
〒101－0047　東京都千代田区内神田１－13－13
電話 03(3293)8131(営業)
03(3293)8135(編集)
https://www.yamakawa.co.jp/
振替 00120-9-43993
印刷所：明和印刷株式会社
製本所：株式会社 ブロケード
装幀：菊地信義

Printed in Japan ISBN 978-4-634-54869-5

日本史リブレット 人

1 卑弥呼と台与 —— 仁藤敦史
2 倭の五王 —— 森 公章
3 蘇我大臣家 —— 佐藤長門
4 聖徳太子 —— 大平 聡
5 天智天皇 —— 須原祥二
6 天武天皇と持統天皇 —— 義江明子
7 聖武天皇 —— 寺崎保広
8 行基 —— 鈴木景二
9 藤原不比等 —— 坂上康俊
10 大伴家持 —— 鐘江宏之
11 桓武天皇 —— 西本昌弘
12 空海 —— 曾根正人
13 円仁と円珍 —— 平野卓治
14 菅原道真 —— 大隅清陽
15 藤原良房 —— 今 正秀
16 宇多天皇と醍醐天皇 —— 川尻秋生
17 平将門と藤原純友 —— 下向井龍彦
18 源信と空也 —— 新川登亀男
19 藤原道長 —— 大津 透
20 清少納言と紫式部 —— 丸山裕美子
21 後三条天皇 —— 美川 圭
22 源義家 —— 野口 実
23 奥州藤原三代 —— 斉藤利男
24 後白河上皇 —— 遠藤基郎
25 平清盛 —— 上杉和彦
26 源頼朝 —— 高橋典幸
27 重源と栄西 —— 久野修義
28 法然 —— 平 雅行
29 北条時政と北条政子 —— 関 幸彦
30 藤原定家 —— 五味文彦
31 後鳥羽上皇 —— 杉橋隆夫
32 北条泰時 —— 三田武繁
33 日蓮と一遍 —— 佐々木馨
34 北条時宗と安達泰盛 —— 福島金治
35 北条高時と金沢貞顕 —— 永井 晋
36 足利尊氏と足利直義 —— 山家浩樹
37 後醍醐天皇 —— 本郷和人
38 北畠親房と今川了俊 —— 近藤成一
39 足利義満 —— 伊藤喜良
40 足利義政と日野富子 —— 田端泰子
41 蓮如 —— 神田千里
42 北条早雲 —— 池上裕子
43 武田信玄と毛利元就 —— 鴨川達夫
44 フランシスコ＝ザビエル —— 浅見雅一
45 織田信長 —— 藤田達生
46 徳川家康 —— 藤井讓治
47 後水尾院と東福門院 —— 山口和夫
48 徳川光圀 —— 鈴木暎一
49 徳川綱吉 —— 福田千鶴
50 渋川春海 —— 林 淳
51 徳川吉宗 —— 大石 学
52 田沼意次 —— 深谷克己
53 遠山景元 —— 藤田 覚
54 酒井抱一 —— 玉蟲敏子
55 葛飾北斎 —— 大久保純一
56 塙保己一 —— 高埜利彦
57 伊能忠敬 —— 星埜由尚
58 近藤重蔵と近藤富蔵 —— 谷本晃久
59 二宮尊徳 —— 舟橋明宏
60 平田篤胤と佐藤信淵 —— 小野 将
61 大原幽学と飯岡助五郎 —— 高橋 敏
62 ケンペルとシーボルト —— 松井洋子
63 小林一茶 —— 青木美智男
64 鶴屋南北 —— 諏訪春雄
65 中山みき —— 小澤 浩
66 勝小吉と勝海舟 —— 大口勇次郎
67 坂本龍馬 —— 井上 勲
68 土方歳三と榎本武揚 —— 宮地正人
69 徳川慶喜 —— 松尾正人
70 木戸孝允 —— 一坂太郎
71 西郷隆盛 —— 徳永和喜
72 大久保利通 —— 佐々木克
73 明治天皇と昭憲皇太后 —— 佐々木隆
74 岩倉具視 —— 坂本一登
75 後藤象二郎 —— 村瀬信一
76 福澤諭吉と大隈重信 —— 池田勇太
77 伊藤博文と山県有朋 —— 西川 誠
78 井上馨 —— 神山恒雄
79 河野広中と田中正造 —— 田崎公司
80 尚泰 —— 川畑 恵
81 森有礼と内村鑑三 —— 狐塚裕子
82 重野安繹と久米邦武 —— 松沢裕作
83 徳富蘇峰 —— 中野目徹
84 岡倉天心と大川周明 —— 塩出浩之
85 渋沢栄一 —— 井上 潤
86 三野村利左衛門と益田孝 —— 森田貴子
87 ボアソナード —— 池田眞朗
88 島地黙雷 —— 山口輝臣
89 児玉源太郎 —— 大澤博明
90 西園寺公望 —— 永井 和
91 桂太郎と森鷗外 —— 荒木康彦
92 高峰譲吉と豊田佐吉 —— 鈴木 淳
93 平塚らいてう —— 差波亜紀子
94 原敬 —— 季武嘉也
95 美濃部達吉と吉野作造 —— 古川江里子
96 斎藤実 —— 小林和幸
97 田中義一 —— 加藤陽子
98 松岡洋右 —— 田浦雅徳
99 溥儀 —— 塚瀬 進
100 東条英機 —— 古川隆久

〈白ヌキ数字は既刊〉